Liebe Glücksuchende,

herzlich willkommen in meiner Heimat, in der neben der schönen Donau, die sich wie ein Band durch die Landschaft zieht, auch der höchste Kirchturm der Welt zu Hause ist. Hier, wo bayerisch-schwäbische Gastlichkeit in den unzähligen Kastanienbiergärten großgeschrieben wird und Ende Juli die ganze Region am Schwörwochenende kopfsteht, lässt es sich nicht nur ganz wunderbar wohnen, sondern auch als Besucher aus nah und fern eine fabelhafte Zeit verbringen. Ich möchte Sie daher gerne zu meinen persönlichen Glücksorten in Ulm, um Ulm und um Ulm herum entführen. Die beiden Doppelstädte Ulm und Neu-Ulm haben nämlich mehr zu bieten als eine historische Altstadt mit verwinkelten Gässchen. Die Entdeckungsreise führt uns zu manch verborgenem Winkel in den Gemäuern der Bundesfestung, zu Kunst und Kuriositäten, zu römischen Tempeln und natürlich hoch hinauf über die Dächer der Stadt.
Dabei bilden die Albtäler rund um Ulm sowie die Auen mit ihrer herrlichen Natur entlang von Donau und Iller einen ruhenden Gegenpol zu den lebendigen Innenstädten mit unzähligen Cafés, Restaurants und Kneipen und einem facettenreichen Kulturprogramm.

Viel Spaß beim Entdecken wünscht Ihnen

Stefi Rösch

Deine Glücksorte ...

Stefanie Rösch

Glücksorte
in & um Ulm

Fahr hin und werd glücklich

Droste Verlag

Dieses Buch gehört

....

....

....

... noch mehr Glück für dich

Im siebten Kaffeehaus-Himmel

Besuch im Café Konzertsaal

Schwarzwälder Kirschtorte, Käsekuchen, Pistazien-Schmand-Torte, Sauerrahmkuchen mit Apfel, Zupfkuchen, Linzer Torte, Aprikosenstreusel … Wer kennt nicht das Gefühl, vor einer Kuchentheke zu stehen und sich gar nicht entscheiden zu können? So geht es dem Besucher im Konzertsaal in Neu-Ulm, wo die Lust auf Kuchen in Anbetracht der Genussfülle eine rationale Entscheidung sehr schwer macht.

Obwohl etwas abseits gelegen ist das Kaffeehaus seit Jahrzehnten eine Institution in der Innenstadt. Viele Neu-Ulmer erinnern sich mit Sicherheit gerne an den einen oder anderen Sonntagsausflug mit der Oma zurück, der mit einem großen Stück Torte und einem heißen Kakao endete. Seine Ursprünge hat das moderne Kaffeehaus im Café Häberle, das schon in den 50er-Jahren eine der ersten Adressen für Leckermäuler war. Das Flair des alten Cafés ist heute nicht nur auf Fotografien, sondern auch im teils originalen Mobiliar des Kaffeehauses wiederzufinden. „Ich wollte die Kaffeehaus-Kultur und die jahrzehntelange Tradition mit einem modernen und zeitgemäßen Ambiente mixen und den Gästen eine Atmosphäre bieten, in der auch ich gerne meinen sonntäglichen Kaffee und Kuchen genießen würde", meint die Konditorin Karin Eck lachend und trocknet sich die Hände an ihrer Schürze ab.

TIPP *Mit den leckeren Pralinenmischungen kann man sich auch mal selbst beschenken.*

Der Spagat ist auf jeden Fall gelungen, und auf die Frage, woher die vielen Rezepte stammen, zückt sie ein abgegriffenes kleines Büchlein. Hier befindet sich nebst dem Rezept der mit Orangen- und Schokoladencreme gefüllten Konzertsaaltorte auch das jahrzehntealte Rezept für den legendären Sauerrahmkuchen, der, wie schon in den 60er-Jahren, zu den beliebtesten Kuchen der Kunden zählt. Aber auch neuere Kreationen wie die Pistazien-Schmand-Torte finden regen Anklang. Frau Eck legt Wert darauf, mit der Zeit zu gehen und auch mal Trends mitzumachen. So ergänzen seit ein paar Jahren ein Frühstücksbuffet am jeweils ersten Sonntag im Monat sowie ein regelmäßig wechselnder Mittagstisch das klassische Kaffeehaus-Angebot.

○ Café Konzertsaal, Silcherstraße 2, 89231 Neu-Ulm, Tel. (07 31) 7 76 00
www.konzertsaal-neu-ulm.de
○ ÖPNV: Diverse Busse, Haltestelle Petrusplatz Neu-Ulm

Über 7 Berge musst du gehen

2 *Ulmer Höhenweg*

Auch in Ulm lohnt es sich, die Wanderstiefel anzuziehen. Vielleicht nicht gleich die für den Einsatz im Hochgebirge, gute Trekkingschuhe empfehlen sich jedoch allemal, wenn man auf dem zwölf Kilometer langen Höhenweg unterwegs ist. Dieser wurde im Jahr 2013 eröffnet und führt von Böfingen bis zum Eselsberg oder wahlweise andersherum. Wie Rom ist auch Ulm auf sieben Hügeln, genauer gesagt dem Galgenberg, Kuhberg, Roter Berg, Eselsberg, Kienlesberg, Michelsberg und Safranberg, erbaut worden bzw. hat sich über die Jahrzehnte hinweg auf diesen ausgebreitet. Der Panoramaweg verläuft auf zwei Routenvarianten über hügeliges Gelände entlang an Wäldern und Wiesen, aber auch durch die Stadttäler und Schrebergartenkolonien, in denen viele Ulmer ihre wertvolle Freizeit verbringen oder Hobbys wie dem Obstbau oder der Imkerei frönen. Zudem hält er, wie auf dem Panoramaweg Eselsberg, immer wieder einen großartigen Ausblick auf Ulm und das imposante Münster bereit und bei guter Fernsicht werden auch die 120 Kilometer entfernten Alpen sichtbar.

TIPP *Entlang der Wegstrecke kann man auf der Sonnenterrasse im Panorama bei Pippo lecker Pizza und Pasta essen.*

Der gut ausgeschilderte, teils geschotterte Weg erlangt seinen Reiz sicherlich durch die abwechslungsreiche Wegführung, die auch die bebauten Ränder der Stadt geschickt miteinschließt. Dabei wechseln sich geschichtsträchtige Bauwerke wie das verwunschene Fort Albeck mit eher beschaulichen Wegabschnitten, wie dem durch den Ulmer Hauptfriedhof, ab. Läuft man hinauf auf die Wilhelmsburg, kreuzt der Höhenweg den Festungsweg. Auf der Trommelwiese, nur einen Steinwurf vom Hauptwerk der Bundesfestung entfernt, befindet sich wohl einer der schönsten Plätze für ein Picknick. Hier auf der Magerwiese inmitten von duftenden Nadelbäumen fühlt es sich ein wenig wie Urlaub in den südfranzösischen Küstenregionen an. Die Gehzeit für die südliche bzw. nördliche Routenvariante beträgt jeweils etwa drei Stunden, und die schönste Zeit ist neben dem Frühjahr sicherlich der goldene Herbst mit seinen bunt gefärbten Blättern und der Erinnerung an den vergangenen Sommer.

○ **Ulmer Höhenweg, ein Startpunkt in Böfingen**
○ **ÖPNV: Straßenbahn 1, Haltestelle Ostpreußenweg**

Spatzeninvasion

3 *Die Sage vom Ulmer Spatz*

Hätte die ehemalige freie Reichsstadt Ulm heute nochmals Gelegenheit, ihr schwarz-weißes Stadtwappen aufzupeppen, würde sicherlich ein kleiner Spatz das Wappen zieren, gehört er doch neben dem Münster zu den Wahrzeichen von Ulm. Der Ulmer Spatz ist nicht nur Namensgeber für ein Laugengebäck und einen 1987 entdeckten Asteroiden, sondern auch beliebt als Piktogramm und Gegenstand verschiedener Kunstaktionen in der Innenstadt. So sind die vielen bunten Spatzen der Benefiz-Kunstaktion Spatzeninvasion, mit deren Hilfe Anfang der 2000er-Jahre Geld für den Erhalt des südlichen Münsterturms gesammelt wurde, auch heute noch ein fester Bestandteil des Stadtbildes. Dieses wird zwischenzeitlich rund um den Münsterplatz durch weitere Spatzen aus Beton ergänzt.

Der Ulmer Spatz fußt auf einer Sage, deren Geschichte sich so während der zweiten Bauperiode des Ulmer Münsterturmes im 19. Jahrhundert zugetragen haben soll: Die Bauarbeiter hatten Probleme, die Baumstämme für das Gerüst durch das viel zu schmale Stadttor zu bringen. Sie wollten bereits mit dem Abriss des Torturmes beginnen, um den Bau fortsetzen zu können, da machte sie ein Ulmer Konditormeister auf einen kleinen Spatz aufmerksam und die Art und Weise, wie er einen langen Halm in seine Nisthöhle schleppte.

TIPP *Der Original Ulmer Spatz vom Münsterdach aus dem Jahr 1858 kann im Ulmer Münster in einer Vitrine bestaunt werden.*

Er zog den Halm längs durch das kleine Loch der Nisthöhle – nicht quer, um nicht überall mit ihm hängen zu bleiben. Die Ulmer taten es ihm nach, und so konnte letztendlich der höchste Kirchturm der Welt doch noch fertiggestellt werden. Zur Erinnerung an das kluge Tier setzten sie ihm ein Denkmal hoch oben auf dem First des Münsterdachs. Aber eine Sage beinhaltet ja für gewöhnlich nicht einen hundertprozentigen Wahrheitsgehalt, und so handelt es sich bei dem Spatzen auf dem Münsterdach eigentlich um eine etwas zu klein geratene stilisierte Taube mit einem Ölzweig im Schnabel. Doch so genau ist das ja aus der Ferne nicht zu erkennen, und die Legende vom schlauen Spätzlein ist eine weitaus liebenswürdigere Anekdote.

Ulmer Spatzen, Innenstadt
ÖPNV: Diverse Busse, Haltestelle Rathaus Ulm

Wo das Ulmer Herz schlägt

4 *Einkaufen auf dem Wochenmarkt*

Eine Alternative zum Supermarkteinkauf ist sicherlich der Besuch des Ulmer Wochenmarktes. Jeden Mittwoch- und Samstagvormittag erwacht der Münsterplatz aus seinem Dornröschenschlaf, und das geschäftige Treiben der Marktleute und Besucher erfüllt schon am frühen Morgen die Innenstadt rund um das imposante Münster. Viele Geschäfte öffnen erst im Laufe des Vormittags, und so gelingt der Wocheneinkauf hier stressfrei und vor allem entspannt. Zwar sind die Lebensmittel ein wenig teurer, doch stimmt hier die Qualität zu jeder Jahreszeit. Auch die Aussicht auf einen kleinen Plausch mit anderen Kunden und den Marktleuten sowie das Gefühl, als Kunde wahrgenommen und respektiert zu werden, sprechen für den Marktbesuch.

Im Anschluss an den Einkauf gibt es im Sommer nichts Schöneres, als abseits des bunten Treibens eine leckere Dinnete zu essen. Das ist ein kleiner Teigfladen, der mit Sauerrahm und diversen Zutaten wie Zwiebeln, Speck oder Kartoffeln belegt ist. Für die Nachtschwärmer unter uns haben auch die Würstchenbuden bereits in den frühen Morgenstunden, sprich ab etwa sechs Uhr, geöffnet und versprechen so einen deftigen Start in den neuen Tag.

TIPP Kleinere, familiärere Märkte finden jeweils am Freitagnachmittag in Wiblingen und Söflingen statt.

Knapp 100 Marktbeschicker bieten im Herzen von Ulm ihre Waren bei Wind und Wetter und für jeden Gusto an. Neben bodenständigen Lebensmitteln wie Kartoffeln, Karotten, Äpfeln, Eiern und verschiedenem Obst gibt es allerlei Leckereien von lokalen Händlern und auch das eine oder andere ausgefallene saisonale Angebot. Auf der Suche nach einem floralen Mitbringsel oder einem Kuchen für den spontanen Besuch am Nachmittag wird man auf dem Markt ebenfalls fündig. Im Dezember muss der Wochenmarkt dem Weihnachtsmarkt weichen und findet nicht mehr auf dem Münsterplatz, sondern rund um das Münster statt. Eine Mütze ist in den Wintermonaten unabdingbar, der Wind pfeift nämlich ganz schön kalt über den Platz, was aber dem Besuch des Marktes und der damit verbundenen Auszeit vom Alltag keinen Abbruch tut.

○ **Wochenmarkt, Münsterplatz, 89073 Ulm**
○ **ÖPNV: Diverse Busse, Haltestelle Rathaus Ulm**

Where the wild roses grow

5 *Dufterlebnis im Rosengarten*

Nicht nur für viele Besucher aus nah und fern, sondern auch für uns Einheimische gehört der Spazierweg auf der Stadtmauer zu den schönsten in der Innenstadt. Dass es sich dabei um einen ehemals wichtigen Teil der Stadtbefestigung der freien Reichsstadt handelt, ist natürlich nicht zu übersehen, was für den Rosengarten nicht unbedingt gilt. Zwar führt der Weg auf der Mauer entlang der Adlerbastei mitten durch den Rosengarten, vom unteren Uferweg bzw. von der Innenstadt her dient lediglich ein unscheinbarer Torbogen als Eingang.

In den Sommermonaten brummt und duftet es hier in allen Ecken, doch es ist nicht nur die Blütenpracht der Rosen und Stauden, die uns Besuchern Freude bereitet. Im Frühjahr steht nämlich die bunte Tulpenblüte stellvertretend als Bote für die nahende warme Jahreszeit. In den Wintermonaten bieten dann die leuchtenden Hagebutten an den verblühten Rosenstöcken nicht nur reichlich Futter für die Vögel, sondern sind auch ein Farbtupfer im Nebel und dem oftmals vorherrschenden Einheitsgrau. Die Königin der Blumen steht aber ganz klar im Mittelpunkt der Bepflanzung, und mit 200 verschiedenen Rosensorten ist eine enorme Vielfalt zu bewundern. Im farbenfrohen und liebevoll bepflanzten Garten sind neben einheimischen Wild- und Strauchrosen in verschiedenen zart pastell und teils kräftig leuchtenden Farben auch besondere Züchtungen wie die Rose „Ulmer Münster" zu finden. Die zarten Blütenblätter der nach unten wachsenden Wasserfallrosen hüllen die Spaziergänger und „Päuschenmacher" auf den Parkbänken in eine wohlriechende Duftwolke, welche sich in den heißen Sommermonaten wie eine Glocke über das Gelände legt. Der Rosengarten ist, im Gegensatz zur nur einen Steinwurf entfernten Donauwiese, ein Ort der Ruhe. Ein schöner Platz also, um neue Energie zu tanken und die Seele baumeln zu lassen.

TIPP Alljährlich Anfang Juni taucht die Königin der Blumen am Tag der Rose den Münsterplatz in ein duftendes Rosenmeer.

- Ulmer Rosengarten, Adlerbastei 2, 89073 Ulm
- ÖPNV: Bus 5, Haltestelle Herdbruckerstraße

Die Höhle des Löwenmenschen

6 *Eine Wanderung durch das Lonetal*

Nicht nur im Frühsommer, wenn die Rapsfelder prächtig und goldgelb blühen, ist das Gasthaus zum Schlössle in Lindenau ein großartiges Ausflugziel. Nordöstlich von Ulm am Rande des Lonetals gelegen, gibt es dort den leckersten Schwäbischen Wurstsalat weit und breit. Dieser besteht aus Fleisch- und Schwarzwurst sowie Zwiebeln und ist am besten im kleinen, aber feinen Biergarten des Gasthauses zusammen mit dem selbst gebackenen Holzofenbrot zu genießen. Die Tradition der Gaststätte mit einer Speisekarte urschwäbischer Gerichte geht bis in das 19. Jahrhundert zurück, und das Flair des historischen Gemäuers ist bis heute im Gastraum zu spüren. Bereits im 13. Jahrhundert fand eine erste urkundliche Erwähnung des Gebäudeensembles statt, worauf stolz die Jahreszahl an der Stirnseite des Gebäudes hinweist.

Auf den Mauern eines ehemaligen Mönchshofs erbaut, eignet sich das Gasthaus zum Schlössle nicht nur hervorragend zur Einkehr, sondern auch als Ausgangspunkt für eine Fahrt mit dem Planwagen oder einer Wanderung auf dem Neandertalerweg. Dieser verläuft auf knapp zwölf Kilometern durch den Geopark Schwäbische Alb und startet bei der Höhle des Löwenmenschen direkt am Gasthaus. Der Weg führt durch Wälder, über Felder und natürlich entlang des Flüsschens Lone. Man kommt unter anderem an der Bockstein- und Vogelherdhöhle vorbei und hat die Möglichkeit, den Archäopark Vogelherd nahe Niederstotzingen zu besuchen. Die dort gefundenen Elfenbeinskulpturen, ein kleines Mammut und ein Wildpferd, gehören zu den ältesten Kunstwerken der Menschheit und bilden zusammen mit dem über die Landesgrenzen hinaus bekannten Löwenmenschen ein einzigartiges Zeitzeugnis unserer Vorfahren. Der Löwenmensch wurde nahe dem Gasthaus in der Kalksteinhöhle Hohlenstein gefunden und ist in einer Dauerausstellung des Museums Ulm zu bestaunen.

TIPP *Das Holzofenbrot kann im Gasthof auch für zu Hause gekauft werden.*

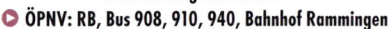

 Gasthaus zum Schlössle, Lindenau 1, 89192 Rammingen-Lindenau, Tel. (0 73 45) 53 12
www.ausflug-lindenau.de
 ÖPNV: RB, Bus 908, 910, 940, Bahnhof Rammingen

Kult an der Via Danubia

7 *Der Apollo-Grannus-Tempel in Faimingen*

Es gibt Orte, die so manche Überraschung für den Besucher bereithalten. Zu diesen gehört ohne Frage Faimingen, und wäre da nicht das kleine, braune Hinweisschild mit der Aufschrift „Tempelanlage", würde man sich wohl nicht mal aus Zufall dorthin verirren. Parkt man aber sein Auto am Straßenrand und läuft den schmalen Weg zwischen zwei Häusern hindurch, tauchen unmittelbar vor einem die ersten Säulen auf, und es lässt sich bereits jetzt erahnen, dass Phoebiana, so nannten die Römer Faimingen nämlich, mehr als nur ein Dorf im Donaumoos war. Das Zentrum des ehemaligen römischen Wallfahrtsortes bildete der Apollo-Grannus-Tempel, von dem heute nur noch im Freilichtmuseum die Überreste vorhanden sind. Fast nicht vorstellbar ist dabei, dass es sich bei der Anlage um den größten römischen Tempelbau nördlich der Alpen handelte.

Man bekommt ein klein wenig Gänsehaut, wenn man im Schatten der Überreste der doppelten Säulenhalle steht und einem bewusst wird, dass man sich gerade im Allerheiligsten des Tempelbezirkes befindet. Vor dem inneren Auge erwächst dann ein von Säulen eingefasstes Bad mit Männern und Frauen in weißen Togen, die sich mit ledernen, geschnürten Sandaletten erhaben durch die Vorhalle des Podiumstempels bewegen.

Noch heute wird dem Wasser in vielen Religionen eine große Bedeutung beigemessen, spielt es doch z. B. bei der Taufe eine zentrale Rolle. So war auch Phoebiana für sein klares Quellwasser bekannt, welches für Kultbäder und Trinkkuren verwendet wurde. Diese waren schon damals ein wichtiger Bestandteil der psychosomatischen Ganzheitstherapie. Dabei wurde zur Wiederherstellung des Seelenheils schon mal bei Gottheiten aus verschiedenen Religionen um Hilfe gebeten. Davon zeugt der Name des Tempels, war doch Apollo der griechisch-römische Gott der Heilkunst und Grannus sein keltisches Pendant. So genau haben es die Römer also nicht genommen, und vielleicht sollten wir in der heutigen Zeit an manche Dinge ebenfalls entspannter und weniger verkrampft herangehen.

● Apollo-Grannus-Tempel, Tempelweg 3, 89415 Lauingen (OT Faimingen)
● ÖPNV: Bus 9105, Haltestelle Faimingen Mitte

Wohnen auf der Mauer

 Das historische Viertel Auf dem Kreuz

Fragt man die Ulmer nach der Altstadt, wird von den meisten das Fischerviertel unweit der Donau genannt. Nicht zu Unrecht, denn ohne Frage handelt es sich beim Fischer- und Gerberviertel um das bedeutendste Altstadtensemble Ulms. Das historische Viertel Auf dem Kreuz steht leider immer ein wenig im Schatten seines bekannteren Bruders, obwohl es mit seinen Grabenhäuschen und den ruhigen Gassen zu den vielen verwunschenen Ecken abseits der touristischen Pfade zählt.

Seinen Namen hat das historische Quartier Auf dem Kreuz, welches rund um eine ehemalige Gaststätte entstand, aufgrund der sich kreuzenden Straßen erhalten. Die Namen der Straßenzüge und Bauwerke, wie der Seelengraben und der den Ulmern heute besser als Zundeltorturm bekannte Seelturm, zeugen von einer langen Tradition der karitativen Fürsorge für die Kranken und Aussätzigen, sprich die Armen Seelen. Das romantische Viertel blieb über die Jahrhunderte hinweg ein Ort der „Kleinen Leute", die sich dann auch in der Nachkriegszeit für eine Sanierung und gegen den drohenden Abriss und die damit verbundene Neubebauung des Quartiers einsetzten.

TIPP Unweit des Zundeltorturms befindet sich der Griesbadmichel-Brunnen mit einer schönen Bronzeskulptur.

Neben den schönen Fachwerkhäusern sind vor allem die 35 kleinen Grabenhäuser, die sich wie die Perlen einer Kette aneinanderreihen, mit ihren bunten Fensterläden eine Augenweide. Die Häuser wurden im frühen 17. Jahrhundert direkt auf der nördlichen Stadtmauer von Ulm gebaut. Da die Außenmauern bis hinab in den ehemaligen Stadtgraben reichten, bekamen die Häuschen von den Ulmern schnell ihren jetzigen Namen verpasst. Die ersten Bewohner waren Soldaten, welche für die Stadtverteidigung angeworben wurden und ein Dach über dem Kopf benötigten. So wurde auf der ehemaligen Verteidigungslinie der Reichsstadt Wohnraum geschaffen. Eine Thematik, die durch den städtischen Zuzug auch noch im 21. Jahrhundert von Aktualität zeugt und durch die städteplanerische Umgestaltung von ehemals militärisch genutzten Bereichen in innovative Quartiere, wie beispielsweise Am Weinberg, Verwirklichung findet.

● Grabenhäuschen, Seelengraben und Frauengraben, 89073 Ulm
● ÖPNV: Straßenbahn 1, Haltestelle Willy-Brandt-Platz oder Justizgebäude Ulm

Waffel-Liebe

9 · OMW! Das kleine Café!

„Oh My Waffle!" Oder sollte man lieber sagen: „Oh My Gosh!", wenn sich die Süße der Schokolade langsam im Mund verteilt und mit dem salzigen Karamell zu einer wahren Geschmacksexplosion entfaltet. „Wir haben auch Gäste, die bestellen unsere ,Oh My Double Chocolate!'-Waffel mit Choco-Choc-Topping zusammen mit einer hausgemachten heißen Schokolade. Das ist dann auf jeden Fall ein Schokoladen-Schock", meint der Inhaber Tobias Rocholl lachend.

In dem kleinen, gemütlich eingerichteten Café dreht sich natürlich alles um die Waffel. Dabei darf der Klassiker mit Zimt und Zucker nicht auf der Karte fehlen. Die Waffel kann aber auch individuell mit verschiedenen Toppings wie Caramel Nuts oder Crunchy Apple ergänzt werden, und wer Lust auf etwas Herzhaftes hat, wird nicht enttäuscht. Der Name „Oh My Cheesy!" ist nämlich bei der herzhaften Variante Programm – mit viel leckerem Käse im Teig. Die saftigen Waffeln lassen sich in den Sommermonaten auf der gemütlichen Terrasse fantastisch zusammen mit einem eisgekühlten, hausgemachten Eistee genießen.

TIPP Auf dem Ulmer Weihnachtsmarkt gibt's die Waffeln auch in Herzform und ganz praktisch am Stiel.

Den individuellen Wünschen des Gastes sind in der freundlichen Atmosphäre fast keine Grenzen gesetzt. Etwas verschmitzt lächelnd fügt Tobias hinzu, dass die Variante mit Nuss-Nougat-Creme und Banane nicht auf der Karte zu finden ist, auch wenn sie das eine oder andere Mal verlangt wird. In der heutigen Zeit, in der Lebensmittel durch die halbe Welt transportiert werden, setze er lieber auf saisonal und vor allem regional erhältliches Obst für die fruchtigen Waffel-Toppings.

Die Kunden geben ihm recht, und obwohl das Café in der Ulmer Innenstadt noch nicht allzu lange besteht, ist es zwischenzeitlich mehr als ein Insidertipp. Dabei spielt das ungezwungene Ambiente und das Willkommen-sein-und-geschätzt-werden sicherlich eine große Rolle und ist der tägliche Antrieb für das junge Team im OMW! Das kleine Café!, das gerne in zehn Jahren noch ehrlich leckere Waffeln ohne zuckersüßen Schnick-Schnack servieren möchte.

○ **OMW! Das kleine Café!, Breite Gasse 6, 89073 Ulm**
www.ohmywaffle.de
○ **ÖPNV: Bus 4, Haltestelle Hafengasse**

Auf Guntias Spuren

10 *Eine Tour im Günztal*

Die Sonnenstrahlen durchbrechen das dichte Blätterwerk der Laubbäume rund um die Großkötzer Baggerseen und spiegeln sich im grün-blauen Wasser wider. Jetzt in den Morgenstunden vertreiben sie auch die letzten morgendlichen Nebelschwaden, die sich über den Gewässern gebildet haben und der Szenerie ein mystisch anmutendes Ambiente geben, an dem auch Guntia Gefallen gefunden hätte. Dabei bilden die hellen Rinden der Birken einen aparten farblichen Kontrast zur überbordenden Natur, die vor allem in den Sommermonaten in sattem Grün erstrahlt. Die Großkötzer Baggerseen und auch der nur einen Steinwurf entfernte Günzrieder Weiher liegen nur wenige Kilometer von der Autobahn A8 entfernt, und man ist sich bei alltäglicher Hast und hohen Geschwindigkeiten gar nicht bewusst, dass sich unweit der Schallschutzwände Natur pur und ein wahres Kleinod befinden.

Dabei schlängelt sich das schmale Flüsschen Günz, ein Nebenfluss der Donau, der im Unterallgäu seinen Ursprung hat, durch die idyllische Seenlandschaft. Am besten erkundet man das romantische und ruhige Günztal mit seinen Wiesen, Seen und Wäldern ganz entspannt auf dem Drahtesel mit den Badsachen und der Picknickdecke im Fahrradkorb. Wer dabei kein Fahrrad sein Eigen nennen kann, der kann alternativ auf ein Leihfahrrad, z.B. von der Touristeninformation in der nahen Günzburger Altstadt, zurückgreifen.

Der Name des Flüsschens leitet sich von der keltischen Flussgöttin Guntia ab, deren Name hier in der Gegend rund um Günzburg allgegenwärtig ist. Dass es sich bei der Günz um das längste Bachsystem in Bayern handelt, mag man so gar nicht denken, sind doch ihre Ausmaße im Vergleich zur Donau eher lächerlich und wenig imposant. Aber bekanntlich kommt es ja nicht auf die Größe an. Der Fluss mit seinem dichten Uferbewuchs dient vielen Tieren und Pflanzen als zusammenhängender Lebensraumkomplex, und in den Sommermonaten kann mit etwas Glück auch Meister Adebar auf Futtersuche inmitten blühender Wiesen beobachtet werden.

· ·

◐ Günztal mit Großkötzer Baggerseen, 89359 Kötz
◐ ÖPNV: RB, Bus 818, Bahnhof Kleinkötz

Kunst & Kuriositäten

11 *Auf Entdeckungsreise im Museum Ulm*

Mit ihrem rosigen und fein geschnittenen Gesicht schaut mich die „Schöne Ulmerin" erhaben an. Zwischen den anderen gotischen Statuen und dem hölzernen Modell des Ulmer Münsters wirkt die Reliquienbüste gleichzeitig zeitlos und modern. Was sie wohl in Anbetracht der modernen Kunstsammlung von Kurt Fried sowie der Wechselausstellungen mit oft aktuellem Bezug in den benachbarten Räumen denken mag? Dabei durfte sie so manchen Wandel innerhalb der historischen Mauern des Museums Ulm miterleben, gehört sie doch zu den bedeutendsten Stücken in der Kunstsammlung und ist eng mit der Ulmer Geschichte und dem Bau des Ulmer Münsters verbunden. Befindet man sich auf Entdeckungsreise in den verwinkelten Gängen, die immer wieder in Räume, größere Nischen oder schmale Treppenhäuser münden, kann man sich ein wenig wie der Ulmer Kaufmann Christoph Weickmann fühlen, der in seiner Kunst- und Wunderkammer die Fülle der damaligen bekannten Welt sammelte und so in seiner guten Stube einen Mikrokosmos erschuf, den er interessierten Besuchern gerne präsentierte.

TIPP Neben dem Eingang befindet sich ein Kunstautomat, der als 24-Stunden-Museumsshop jederzeit zugänglich ist.

Diese Sammlung ist neben der modernen Kunst eine der Wurzeln des heutigen Museums, welches am allerwenigsten als Heimatmuseum, sondern vielmehr als Universalmuseum mit kultur- und kunsthistorischem Schwerpunkt beschrieben werden kann. Sicherlich wäre auch der Löwenmensch ein Teil von Herrn Weickmanns Sammlung geworden, gehört die 40.000 Jahre alte Elfenbeinfigur doch zu den ersten Kunstwerken der Menschheit. Heute ist das Tier-Mensch-Wesen Mittelpunkt der archäologischen Sammlung und Beweis dafür, dass Kunst, Glaube, Fortschritt und Fantasie schon seit Menschengedenken Teil der Gesellschaft sind.

So findet in jeder Ausstellung der Brückenschlag zwischen Vergangenem und Zukünftigem statt. Dabei werden bewusst Anknüpfungspunkte im Alltäglichen und die Auseinandersetzung mit unserer Umwelt gesucht. Dem Besucher wird so die Möglichkeit geboten, auf seine ganz persönliche Entdeckungsreise im Kosmos des 21. Jahrhunderts zu gehen.

> **Museum Ulm, Marktplatz 9, 89073 Ulm, Tel. (07 31) 1 61 43 72**
> **www.museumulm.de**
> **ÖPNV: Diverse Busse, Haltestelle Rathaus Ulm**

Ulms Mitte

 12 *Eine Atempause auf dem Münsterplatz*

Was gibt es Schöneres, als inmitten des Münsterplatzes auf einem der unzähligen Stühle mit Blick auf das Ulmer Münster in der Sonne zu sitzen und die Seele baumeln zu lassen? Zudem gibt es wohl nirgends in Ulm einen besseren Platz, um ungestört von anderen Gebäuden das imposante Ulmer Münster in seiner Gänze betrachten zu können. Eine dezente musikalische Untermalung findet durch das Glockenspiel an der Fassade des ehemaligen Traditionskaufhauses Abt statt, welches die Besucher des Münsterplatzes fünfmal täglich mit seinen wunderschönen Melodien verzaubert. Der Münsterplatz ist ein Ort für alle Sinne und trotz seiner zentralen Lage etwas abseits des Trubels der Fußgängerzone und der Sträßchen in der unmittelbaren Innenstadt gelegen. Sicherlich hat dies auch mit seiner Größe zu tun, denn summa summarum hätte der Münsterplatz, wäre der Bau des Stadthauses ausgeblieben, eine größere Fläche als der Markusplatz in Venedig aufzuweisen gehabt. Für nicht so kundige Besucher bietet das Bronzerelief auf dem südlichen Münsterplatz eine gute Möglichkeit zur Orientierung in der Innenstadt.

TIPP *Auf dem Landesposaunentag bilden alle zwei Jahre 9000 Blechbläser den größten Posaunenchor der Welt.*

Die Weiträumigkeit und Helligkeit des Platzes, der von Cafés und Eisdielen gesäumt ist, stehen im Gegensatz zum monumentalen und teils gotisch düsteren Kirchenbau des Münsters. Heute ist es fast nicht mehr vorstellbar, dass dies nicht immer so war. Bis in die 1980er-Jahre hinein wurde das Münster nämlich von zwei überdachten Basaren flankiert und vor dem kunstvollen Portal befand sich ein großer Parkplatz. Die Hirschstraße als Haupteinkaufsstraße war ebenfalls noch nicht als Fußgängerzone ausgewiesen und bildete somit die Hauptverkehrsachse inmitten der jetzt verkehrsberuhigten Innenstadt. Hätte der Löwenbrunnen eine Stimme, könnte er sicherlich die eine oder andere Anekdote über die wechselhafte Nutzung des Ortes erzählen. Nur einen Steinwurf vom Münster entfernt glänzt er im Sommer mit seiner namensgebenden Figur, den goldenen Wappen und den gedrehten Säulen stolz in der Sonne und ist ein beliebter Treffpunkt für Jung und Alt.

● **Münsterplatz, 89073 Ulm**
● **ÖPNV: Diverse Busse, Haltestelle Rathaus Ulm**

Ulmer Spatza, Wasserratza ...

 Unterwegs auf Ulms Bürgerfest, dem Schwörmontag

... schallt es von den bunten Booten und historischen Schachteln auf der Donau die Uferböschung hinauf. Das Schwörwochenende, Ulms ultimatives Bürgerfest, findet immer rund um den vorletzten Montag im Juli statt und birgt neben der Möglichkeit, zusammen mit Freunden und der Familie zu feiern und eine großartige Zeit zu haben, auch kulturhistorische Gänsehautmomente.

Die traditionell am Samstag stattfindende Lichterserenade ist die perfekte Einstimmung auf das lange Wochenende mit unzähligen Konzerten und Veranstaltungen, das am Schwörmontag seinen Höhepunkt erlebt. Bei Einbruch der Dunkelheit schwimmen zu Musik und Feuerwerk rund 5.000 Windlichter auf der Donau und bilden in der aufkommenden Dämmerung einen glühend leuchtenden Strom.

Bevor dann am Montagnachmittag ganz Ulm beim Nabada, dem Hinunterbaden, auf den Beinen ist, findet am Vormittag die Schwörrede statt. Dabei handelt es sich um eine Ansprache des Bürgermeisters. Er legt Rechenschaft über das vergangene Jahr ab und zeigt die gesellschaftlichen und wirtschaftlichen Pläne für das folgende Jahr auf. Die Rede wird mit dem feierlichen Schwur „Reichen und Armen ein gemeiner Mann zu sein in allen gleichen, gemeinsamen und redlichen Dingen ohne allen Vorbehalt" beendet, was den Zuhörern einen wohligen Schauer über den Rücken jagt. Nicht ganz so festlich geht es anschließend beim Nabada zu, dem kunterbunten Umzug auf der Donau. Neben den offiziellen Themenbooten sind auch viele wilde Nabader mit von der Partie, die teils verkleidet auf selbstgebauten Flößen oder in Gummibooten dem Spektakel erst seine Atmosphäre geben. Musikalisch unterhalten werden die Zuschauer von einem halben Dutzend Ulmer Schachteln, die als Musikboote dienen und wild schunkelnd die Donau hinunterfahren. Seinen Ausklang findet der ereignisreiche Tag für die meisten Besucher in den Biergärten und auf den Wiesen in der Friedrichsau sowie rund um die Musikbühnen auf dem Münster- und Rathausplatz.

TIPP Im Schaufenster des Spielwarengeschäftes Gänßlen kann das Nabada als Lego-Miniatur bewundert werden.

○ Ulmer Schwörwochenende, www.schwoermontag.com
○ ÖPNV: Diverse Busse, Haltestelle Rathaus Ulm

Kühe in der Stadt

 Tierisch gute Skulpturen am Willy-Brandt-Platz

Unbeirrt stehen sie auf dem etwas zu spärlich geratenen Grün zwischen der Münchner und Schwamberger Straße und lassen sich auch nicht von bellenden Hunden und lautem Hupen aus der Ruhe bringen. Die Rede ist hier von keiner geringeren als der kleinen und nicht so einfach zu übersehenden Kuhherde, die an einem Hauptverkehrsknotenpunkt in der Innenstadt ihr Zuhause gefunden hat.

Seit 2010 haben die für den Verkehr völlig ungefährlichen Tiere schon vielen Autofahrern ein Lächeln aufs Gesicht gezaubert. Gerade in der Rushhour, wenn man mal wieder die Ampelschaltung am Willy-Brandt-Platz verflucht, ist der Blick auf die Herde eine herrliche Abwechslung. So ist es nicht verwunderlich, dass sich zwischenzeitlich nicht nur unter den Kleinsten, die manchmal einen vergeblichen Melkversuch starten oder die normalerweise ach so weiche Nase stupsen wollen, ein paar heimliche Verehrer befinden. Denn welche Kuh kann, außer vielleicht die Lila eines bekannten Schokoladenherstellers, schon von sich behaupten, Fanpost bekommen zu haben?

TIPP *Nur einen Steinwurf von der Haltestelle entfernt kann im Café Omar eine leckere saisonale Suppe gelöffelt werden.*

Die Skulpturen wurden nach dem Abriss eines in die Jahre gekommenen Kiosks vom Grünflächenamt als ursprünglich temporäre Lösung konzipiert. Dabei sollen die schwarz-weiß gefleckten Tiere die Verbindung zu den Farben des Ulmer Stadtwappens aufnehmen und die Natur bzw. das ländliche Lebensgefühl in die Stadt bringen, was fraglos gelungen ist. Gerade an dieser neuralgischen und verkehrsintensiven Kreuzung sind die sechs Kühe und der Bulle, die an einen Ausflug ins nahegelegene Allgäu erinnern, ein wahrer Ruhepol inmitten der Hektik und Betriebsamkeit. Doch sobald konkrete städtebauliche Gestaltungspläne vorliegen, muss die kleine Herde leider weiterziehen. Vielleicht findet sie ja dann in der Friedrichsau eine neue und etwas ruhigere Weidefläche. Die Autofahrer am Willy-Brandt-Platz müssten im morgendlichen Verkehrs-Kuddelmuddel dann wohl mit einem aufheiternden Radioprogramm vorliebnehmen.

○ **Kühe in der Stadt, Willy-Brandt-Platz, 89073 Ulm**
○ **ÖPNV: Straßenbahn 1, Haltestelle Willy-Brandt-Platz**

Ulms äußere Befestigung

15 *Verwunschene Winkel im Fort Albeck*

Auf der Kuppe des Safranbergs befindet sich, umgeben von Schrebergärten, mit dem verwunschenen Fort Albeck nicht nur eine tolle Fotodestination, sondern auch das größte Außenfort der Bundesfestung. Dieses sollte die Stadt nach Nordosten und gegen die Donau hin verteidigen und war für über 1300 Mann konzipiert. Wo früher Soldaten ihren Dienst versehen haben, frönen heute die Ulmer Einwohner in ihren Schrebergärten dem süßen Nichtstun oder werkeln mit Hingabe im eigenen Grün herum.

Auf dem Weg zum Fort fällt nicht nur die bunte Kleingartenkolonie auf, sondern es sticht einem auch sofort das wunderschön renovierte Wohnhaus am Eck der Kehlmauer ins Auge. Es handelt sich dabei um eines von drei historischen Blockhäusern, die allesamt zur Festungsanlage gehörten, durch ihre Bauweise aber dennoch ein wenig fehl am Platz wirken. Dabei bilden die hellen Mauern der Befestigung einen gelungenen Kontrast zur überbordenden wilden Natur entlang der Kehlmauer und in den Gräben. Besonders schön ist der halbmondförmige Innenhof des Forts, welcher von einem bogenförmigen Reduit umschlossen wird. Auch wenn man seit dem Jahr 2014 das Außengelände auf eigene Faust auf einem ausgeschilderten Rundweg erkunden kann, sind die Räumlichkeiten des Forts für die Öffentlichkeit nicht zugänglich.

Eine Ausnahme bildet hier der Tag der Festung, der alljährlich am ersten Sonntag im Juni stattfindet und vom Förderkreis Bundesfestung Ulm e.V. veranstaltet wird. Bei verschiedenen Mitmachaktionen und kostenlosen Führungen können die interessierten Besucher einen genaueren Blick in die nicht ganz so bekannten Bastionen und Forts der Bundesfestung werfen, die durch Bebauung, dichtes Gebüsch und natürlich den Wandel der Zeit als solche nicht immer auf den ersten Blick zu erkennen sind.

Hier oben hat man zudem einen herrlichen Blick auf das imposante Ulmer Münster und die beiden Garnisonskirchen St. Georg und die Pauluskirche. Letztere bildet mit ihren markanten Doppeltürmen einen schönen Kontrast zum eleganten gotischen Münsterturm.

● Fort Albeck, Albecker Steige, 89075 Ulm
● ÖPNV: Bus 4, Haltestelle Albecker Steige

Von Hand. Von Herz. Von Hier.

 16 *Einkaufen bei GUTES VON HIER*

„Neben den fantastischen Produkten wollen wir auch die Leidenschaft der Menschen, die diese mit Hand und Herz produziert haben, verkaufen. Wir sehen uns dabei als Bindeglied zwischen den Manufakturen und dem Endkunden und auch ein bisschen als Geschichtenerzähler", sagt mir Jochen Hohneker verschmitzt lächelnd, während sein Mitinhaber Hendrik Mächler uns eine Tasse Provinzz-Kaffee an der aus Paletten gezimmerten kleinen Theke im hinteren Bereich des Verkaufsraumes einschenkt. Dass es sich bei dieser Aussage nicht nur um eine Floskel aus der Marketingabteilung handelt, ist bereits beim Betreten des kleinen Ladens in der Herrenkellergasse spürbar.

Hier verbinden sich auf sympathische Weise das ungezwungene und inspirierende Wochenmarkt-Feeling mit einer riesigen Auswahl an regionalen Lebens- und Genussmitteln sowie einer aufrichtigen Beratung. Im Laden werden im Zeichen des gegenwärtigen Slow-Food-Zeitgeists nicht ganz alltägliche Genussprodukte wie beispielsweise Gin, verschiedene Käsemarmeladen und Grillsaucen sowie süße und salzige Knabbereien von über 60 regionalen Manufakturen angeboten.

TIPP **GUTES VON HIER** hat ein zweites Ladengeschäft in der Biberacher Innenstadt.

Dabei stehen neben den verschiedenen Geschenkboxen mit Namen wie Schwabenvesper, Feierabendfreunde oder Grillgenossen vor allem die individuell zusammengestellten Boxen hoch im Kurs der Kunden. Wer verschenkt nicht gerne ein authentisches Produkt und beobachtet den Beschenkten, wie er es mit leuchtenden Augen öffnet? Schließlich kommt es ja nicht darauf an, wie viel man verschenkt, sondern was. Manchmal ist es einfach nur ein schönes Gefühl, wenn man sich selbst mit einer Flasche Schaumwein oder leckerer Schokolade beschenkt. Das Sortiment wird seit kurzem vom Ulmer Spatz in 3D, kleinen, liebevoll gestalteten Porzellanwaren, und schönen Küchenhelfern aus Holz, hergestellt in einer Behindertenwerkstätte, treffend ergänzt. Eine Möglichkeit, die Menschen hinter den Produkten kennenzulernen, bietet sich bei den bunten Veranstaltungen bzw. Verkostungen, die regelmäßig in dem kleinen, aber feinen Lädchen stattfinden.

GUTES VON HIER, Herrenkellergasse 9, 89073 Ulm, Tel. (07 31) 49 39 19 71
www.gutesvonhier.de
ÖPNV: Diverse Busse, Haltestelle Rathaus Ulm

Der Wald ruft

17 Ein Spaziergang im Böfinger Wald

Wer ist nicht auf der Suche nach einem Ort, an dem man die tägliche Hektik schnellstmöglich hinter sich lassen kann? Im Ulmer Stadtwald an der Böfinger Halde bietet sich in unmittelbarer Nähe zur Friedrichsau die Möglichkeit zur Entschleunigung. Zudem hat man vom Aussichtspunkt nahe der Thalfinger Uferstraße einen schönen Blick auf die vorbeifließende Donau, die hier von einem Wasserkraftwerk zur Stromgewinnung gestaut wird und so in den letzten Jahren zum Treffpunkt für Angelfreunde geworden ist. Das gegenüberliegende bayerische Donauufer bildet mit seinem Auwald ein dichtes grünes Dickicht und somit einen Kontrast zur von Wiesen dominierten Friedrichsau.

Im historischen Hospitalwald kommen aber nicht nur Spaziergänger auf ihre Kosten. Auch mit dem Mountainbike kann man sich auf einem extra präparierten Trail auspowern oder die Trekkingstöcke in die Hand nehmen und bei einer lockeren Nordic-Walking-Runde auf gut präparierten Wegen den dichten Mischwald erkunden. Dabei besitzen drei Bäume unweit der Straßenbahnhaltestelle eine besondere Symbolkraft. Die Kiefer, Buche und Eiche bilden die Eckpunkte eines gleichseitigen Dreiecks und stehen als „Wachsendes Denkmal der Deutschen Einheit" für mehr als nur einen positiven Umweltaspekt.

Der äußerst informative Waldlehrpfad, welcher sich mit seinen unzähligen Informationstafeln auf knapp zwei Kilometern durch das Grün schlängelt, besteht im Gegensatz zu den Bäumen des wachsenden Denkmals bereits seit den frühen 70er-Jahren. Denn nicht nur für die kleinsten Wanderer auf ihren Schulausflügen sind unser Ökosystem und der Umweltschutz ein wichtiges und ernstzunehmendes Thema. Und wenn im Frühjahr die Sonnenstrahlen durch die Äste scheinen und der Wald vom scharfen Geruch des Bärlauchs sowie dem erdigen nach Moos und Blättern erfüllt ist, verwandelt sich der Wald in einen Ort des Friedens und der besinnlichen Abgeschiedenheit abseits der bekannten und ausgetretenen Pfade.

● **Böfinger Wald, 89075 Ulm-Böfingen**
● **ÖPNV: Straßenbahn 2, Haltestelle Eugen-Bolz-Straße**

Kommt, es ist alles bereit

 18 *Überraschende Begegnungen in der Pauluskirche*

Laut klappern ein paar Teller, und ein Stuhl wird geräuschvoll an den mit einem gestärkten weißen Tischtuch gedeckten Tisch gezogen. Heute wird im hell erleuchteten Kirchenraum mal wieder des Schwaben liebstes Gericht, Linsen mit Spätzle und Saitenwürsten, serviert.

Vielen Ulmern ist die mit der roten Klinkersteinfassade und den zwei markanten Türmen nicht ganz unbekannte Kirche in der Oststadt ein Begriff, handelt es sich doch um die ihrer fantastischen Akustik wegen bekannteste Konzertkirche Ulms. Der Innenraum von Deutschlands erster Stahlbetonkirche ist aber auch seit über 20 Jahren ein Ort der Begegnung, der jedem Einzelnen die Möglichkeit bietet, über sich selbst und seine Lebenseinstellung zu reflektieren.

Die alljährlich im Januar/Februar stattfindende Vesperkirche verwandelt nämlich den ansonsten eher von Andacht geprägten Innenraum in einen pulsierenden Ameisenhügel. Ob als Besucher oder als einer von 160 ehrenamtlichen Mitarbeitern, die täglich über 600 Essen ausgeben – jeder trägt ein Stück dazu bei, den in den heutigen Zeiten so dringend benötigten Zusammenhalt innerhalb unserer Gesellschaft zu stärken. Denn jeder, unabhängig von gesellschaftlicher Stellung oder Alter, ist herzlich eingeladen, am Tisch zu sitzen. Dabei findet so manche Begegnung statt, die es unter anderen Gegebenheiten so nie gegeben hätte und die vor allem die in unseren Köpfen vorherrschenden persönlichen Vorurteile und Schranken zu überwinden hilft.

TIPP *Die Parkanlage des Alten Friedhofs ist heute ein wahres Schatzkästlein vergangener Zeiten.*

Neben einem leckeren Mittagessen kann auch ein buntes Angebot von Dienstleistungen, angefangen vom Friseur bis hin zur Energieberatung, in Anspruch genommen werden. Und alte Brillen sowie nicht mehr getragene Kleidung werden im Secondhand-Fundus gerne angenommen. Der Vesperkirchentag wird am Nachmittag mit einem kostenlosen Konzert abgeschlossen, und zu guter Letzt bleibt da nur noch zu sagen: „Ich bin immer wieder begeistert, von Jahr zu Jahr. Danke für die Offenheit, das gute Essen, Muße und die wunderschönen Kirchenfenster."

● **Pauluskirche, Frauenstraße 110, 89073 Ulm**
www.pauluskirche-ulm.de
● **ÖPNV: Bus 7, Haltestelle Pauluskirche**

Modern Art

 19 *Inspiration in der Kunsthalle Weishaupt*

Nur einen Steinwurf entfernt vom historischen Ulmer Rathaus befindet sich im Herzen der Innenstadt die Kunsthalle Weishaupt, die im Rahmen des Gesamtprojektes Neue Mitte nicht nur einen architektonischen Gegenpol zur Fassade des geschichtsträchtigen Amtsgebäudes bildet, sondern auch eine Verbindung zur berühmten Ulmer Hochschule für Gestaltung herstellt.

Die nüchternen und glatten Fassaden sowie die offenen Ausstellungsräume sind der perfekte Ort für die zeitgenössischen Werke europäischer und amerikanischer Künstler aus der zweiten Hälfte des 20. Jahrhunderts bis hin zur Gegenwart. Dabei handelt es sich nicht um Leihgaben; alle ausgestellten Werke gehören ausschließlich zur Privatsammlung der Familie Weishaupt. Die persönliche Beziehung zu den jeweiligen Künstlern wie Robert Longo und natürlich zu deren Werken bedeutet mehr als ein ausschließlich berühmter Name und findet seinen Ausdruck in der Auswahl der zu bestaunenden Exponate.

Die Werke und Objekte verschiedener Stilrichtungen der bildenden Kunst wie Op-Art, des abstrakten Expressionismus oder des Fotorealismus werden in jährlich wechselnden Ausstellungen Kunstliebhabern aus nah und fern präsentiert. Dabei empfiehlt es sich, an einer der regelmäßig stattfindenden und äußerst informativen Führungen durch die Ausstellung teilzunehmen. Denn oftmals offenbart sich erst bei näherem Hinsehen so manche Paradoxie, und der Betrachter wird ganz gewollt vom Künstler zum Nachdenken und Hinterfragen eingeladen.

TIPP Beim Kunstlunch können kulinarische Genüsse mit einer spannenden 20-minütigen Kurzführung verbunden werden.

Es steht jedoch nicht nur das Werk an sich, sondern auch seine Inszenierung im Fokus, die gemeinsam ein untrennbares Miteinander bilden. Der anregende Besuch der Ausstellung ist immer ein wenig ein In-sich-Hineinschauen, ein Hinterfragen der eigenen Ansichten und seines aktuellen Standpunktes und eine Aufforderung, mit offenen Augen und aufgeschlossenem Geist durch das Leben zu gehen.

> ▶ Kunsthalle Weishaupt, Hans-und-Sophie-Scholl-Platz 1, 89073 Ulm
> www.kunsthalle-weishaupt.de
> ▶ ÖPNV: Diverse Busse, Haltestelle Rathaus Ulm

Idyllische Moorlandschaften

 Im Naturschutzgebiet Langenauer Donauried

Sie verlaufen meist schnurgerade und ohne jegliche Steigung. Die Rede ist von den Fahr- und Spazierwegen im Naturschutzgebiet Langenauer Donauried, welche die Ausflügler auf ihren Fahrrädern und Inlineskates vorbei an Apfelbäumen und entlang von Feuchtwiesen führen.

Teile des Langenauer Rieds sind nicht nur Naturschutz-, sondern auch Wasserschutzgebiet und versorgen sogar die Landeshauptstadt Stuttgart mit Trinkwasser. Auf großen Teilen des Überschwemmungsgebietes darf daher keinerlei Ackerbau und kommerzielle Landwirtschaft betrieben werden. So wurde über die Jahrzehnte hinweg ein kleines Paradies für die unterschiedlichsten Vogel- und Kleintierarten geschaffen.

Erstere lassen sich perfekt mit dem Fernglas von den verschiedenen hölzernen Aussichtstürmen aus beobachten. Man selbst wird inmitten dieser idyllischen Landschaft nur von ein paar Albbüffeln, die friedlich weidend ihre Zeit auf den saftigen Wiesen verbringen, beobachtet. Einer der wenigen nennenswerten Räuber ist nur der Fischreiher, der am Rand der von mannshohem Schilf eingefassten Bewässerungsgräben auf Beute wartet. Eine gute Gelegenheit, das Ried trockenen Fußes zu erkunden, bietet der sechs Kilometer lange, gut ausgeschilderte Umweltlehrpfad Riedweg, der im Gewerbegebiet unweit der Kompostieranlage in Langenau startet.

TIPP *Vom Aussichtsturm am Mooswaldsee sind im Herbst Scharen von Graugänsen zu beobachten.*

Abseits der asphaltierten Wege eröffnet sich dem Wanderer im schönsten Teil des Rieds, dem Leipheimer Moos, eine teils geheimnisvolle Welt, bestehend aus den charakteristischen Moor-Biotopen mit ihrer eigentümlichen Vegetation und verwunschenen Birkenwäldchen. Der perfekte Ort, um abzuschalten und umgeben vom Quaken der Frösche die Natur zu genießen.

Für Liebhaber der Fotografie bietet der Herbst mit Abstand das beste Licht. Wobei natürlich der Kontrast zwischen dem blauen Himmel, den weißrindigen Birken und den Wiesen auch zu einer anderen Jahreszeit seinen Reiz hat.

> **Wanderparkplatz am Moorwaldsee, 89312 Günzburg**

Ulms Underground

21 *Ausgrabungen in der Neuen Mitte*

Auch wenn Ulm keine U-Bahn vorzuweisen hat, so gibt es im Untergrund einiges zu entdecken. Den meisten Ulmern sind die Ausgrabungen in der Neuen Mitte durchaus ein Begriff, sind sie doch an äußerst prominenter Stelle im gleichnamigen und vor allem stark frequentierten Parkhaus zu finden. Doch wie so oft sind es genau die alltäglich präsenten Dinge, denen man am wenigsten Beachtung schenkt. So verhält es sich auch mit den Mauerresten, die ein Zeugnis der mittelalterlichen Stadtentwicklung darstellen und von dem einen oder anderen gehetzten Besucher auf dem Weg in die Innenstadt gerne übersehen werden.

Unter der herzoglichen Herrschaft der Staufer mauserte sich Ulm ab dem 12. Jahrhundert zur Pfalz und wurde über die Jahrzehnte hinweg immer weiter ausgebaut und befestigt und schließlich im Spätmittelalter zu einer der mächtigsten freien Reichsstädte.

Die sensationellen Ausgrabungen im Herzen der Stadt boten dabei erstmalig einen aufschlussreichen Überblick über die frühe Stadtentwicklung im Hochmittelalter. Auf einer beachtlichen Größe von 10.000 Quadratmetern Ausgrabungsfläche kamen das ehemalige Stadtzentrum mit Straßen und Plätzen sowie 86 Grubenhäuser, verschiedene Brunnen, ein für damalige Verhältnisse umfangreiches Ver- und Entsorgungssystem sowie viele Alltagsgegenstände zu Tage.

Der Auslöser für die Grabungen war dabei ein ganz profaner: Die Neue Straße sollte untertunnelt und somit verkehrsberuhigter gestaltet werden. Daraus wurde letztendlich eine moderne und preisgekrönte Tiefgarage, und sitzt man heute auf dem modern gestalteten Hans-und-Sophie-Scholl-Platz vor deren Eingang in der Sonne, stellt sich einem vielleicht die Frage, wer denn mal die Mauerreste Ulms aus dem 21. Jahrhundert finden und was wohl damit geschehen wird. Darüber hinaus zaubert es einem ein Lächeln auf die Lippen, wenn man sich die ungläubigen Augen der Menschen im Mittelalter vorstellt, wäre man für den samstäglichen Marktbesuch mit dem Auto vorgefahren.

· ·

⊙ Parkhaus Neue Mitte, Hans-und-Sophie-Scholl-Platz, 89073 Ulm
⊙ ÖPNV: Diverse Busse, Haltestelle Rathaus Ulm

1990 > **Stadthaus**

Grabu

Schwäbische Alb en miniature

 22 *Entspannte Stunden im Kleinen Lautertal*

Das Naturschutzgebiet Kleines Lautertal unweit von Blaustein gehört selbst für Ortskundige zu den weniger bekannten Ausflugsorten um Ulm herum. Ist man auf der einzigen und in Teilen für den motorisierten Durchgangsverkehr gesperrten Zufahrtsstraße unterwegs, denkt man, das Ende der Zivilisation bald erreicht zu haben. Nach jeder Kurve eröffnet sich einem eine noch lieblichere Landschaft inmitten von grünen, nur durch das Bunt der Wildblumen unterbrochenen Wiesen.

Die für die Schwäbische Alb so typischen, mit Wacholderheide bewachsenen, schroffen Felsen ragen wie Monumente einer längst vergangenen Zeit in den Himmel, und der vor ewigen Zeiten stillgelegte Steinbruch am Wegesrand wurde fast schon wieder vollständig von der Natur zurückerobert. Am Ende der Straße heißt den Ausflügler das kleine Örtchen Lauterach willkommen. Die kleine Ansammlung von historischen Häusern und das Kirchlein mit seinem trutzigen Turm laden zur Einkehr und zum Verweilen ein. Dabei spielt es keine Rolle, ob man sich im historischen Gasthof zum Lamm etwas Leckeres gönnt oder die mitgebrachte Picknickdecke auspackt und es sich auf der Wiese gemütlich

TIPP Einer der abwechslungsreichsten Wanderwege ist der Lauterfelsensteig, der am Bahnhof Herrlingen startet.

macht. Im hinteren Teil des Biergartens des Gasthofes befindet sich etwas versteckt und leicht zu übersehen der Quelltopf der Lauter. Dieser ist zwar um einiges kleiner als der bekanntere Blautopf, jedoch strahlt er beim Blick in das faszinierend grünblaue Wasser ein und dieselbe Ruhe und Beständigkeit aus. Die Lauter entspringt wie viele Flüsschen auf der Schwäbischen Alb einer Karstquelle, welche durch ihre natürlich hohe Schüttung zur Trinkwasserversorgung der umliegenden Gemeinden diente. Daran erinnert heute auch die von Wasserlinsen umschlossene Pumpstation aus dem späten 19. Jahrhundert. Zudem lädt der Trinkwasserbrunnen dazu ein, die eigenen Wasservorräte aufzufüllen. Hinter dem Gasthof verengt sich das Tal zunehmend, und der Wanderer taucht in die Welt eines verwunschenen Schonwaldes mit Farnen und moosbedeckten Baumstümpfen ein, das lichtdurchflutete Wiesental scheint nun wieder ganz weit entfernt.

🔘 **Kleines Lautertal, Lautern, 89134 Blaustein**
🔘 **ÖPNV: Bus 36, Bahnhof Herrlingen**

Buntes Markttreiben

23 Der Brezgenmarkt im Hungerbrunnental

Alljährlich zieht es zahlreiche Besucher auf die Schwäbische Alb und den dortigen traditionellen Brezgenmarkt. Der lebendige Krämermarkt wurde bereits im Jahr 1533 urkundlich erwähnt und findet seit 1844 regelmäßig am Palmsonntag auf dem ehemaligen Freiplatz am Rande der Karstquelle mit dem wohlklingenden Namen Hungerbrunnen im gleichnamigen Tal statt. Auf den Hungerwiesen des Albtales gibt es heute alles Erdenkliche zu kaufen: Praktisches und mehr oder weniger Brauchbares, von Echthaarbürsten über Halbedelsteine bis hin zum Zubehör für Staubsauger. Früher war der Markt nicht nur ein Krämer-, sondern auch Heiratsmarkt, auf dem vielfach die Emotionen hochgekocht sind, was zeitweise sogar zu seinem Verbot führte.

Der Ostermarkt hat seinen Namen den süßen, wahlweise mit Rosinen verfeinerten Hefebrezeln zu verdanken, die zwischenzeitlich nicht nur am Palmsonntag gegessen werden, sondern sich in der gesamten Osterzeit großer Beliebtheit erfreuen. Neben den Riesenbrezeln mit einem Durchmesser von 40 Zentimetern werden natürlich auch andere süße und herzhafte Leckereien angeboten.

TIPP Unabhängig vom bunten Markttreiben ist das Tal ein toller Ort für eine entspannte Wanderung.

Nur einen Steinwurf von der Quelle des Hungerbrunnenbaches entfernt können die kleinen Marktbesucher auf einer historischen und liebevoll gestalteten Schiffschaukel dem Himmel entgegenfliegen oder in einem bunten nostalgischen Karussell ein paar Runden drehen. Der Hungerbrunnenbach führt, im Gegensatz zu anderen Bächen und ihren Quellen, nicht immer Wasser. Dem Betrachter offenbart sich in den trockenen Jahren dann lediglich eine steingefüllte Wiesenmulde. Die nicht komplett erforschte Hydrogeologie des Naturdenkmals nährt auch heute noch die Legendenbildung rund um die volkstümliche Überlieferung, nach der die Quelle ein Indikator für Missernten und Hungersnöte sein soll. In direkter Nachbarschaft zum Brezgenmarkt mit seinen vielen Leckereien klingt das zwar ein wenig absurd, aber bekanntlich liegen ja nicht nur im Volksglauben Freud und Leid eng beieinander.

● Brezgenmarkt, Wanderparkplatz Hirschental, 89174 Altheim (Alb)

Essen wie Gott in Frankreich

24 Die Crêperie Kornhäusle

Etwas abseits von Fischerviertel und Münsterplatz findet sich in einer ruhigen Nebenstraße ein kleines gallisches Dorf, sozusagen ein Stückchen Frankreich im Schwabenland, welches den Besucher kulinarisch zu unserem westlichen Nachbarn entführt. Die Crêperie mit ihrem holzvertäfelten Gastraum und den kleinen Sitznischen ist seit über 40 Jahren in Ulm eine Institution und die erste Adresse, wenn es darum geht, Crêpe oder Galette zu essen. Bei Letzterem handelt es sich um die herzhafte, aus Buchweizenmehl hergestellte Variante, gefüllt mit Käse, Schinken oder anderen Köstlichkeiten wie Lachs oder Austernpilzen.

Bei einer Auswahl von über 45 verschiedenen Variationen fällt die Entscheidung zugegebenermaßen nicht ganz so leicht. Fragt man nach den von den Kunden favorisierten kommt lachend und ohne Umschweife die Antwort: „Ja, auf jeden Fall die Geisha. Die ist mit Schokolade, Banane und Eierlikör." Aber auch andere Variationen wie die „Sophie" oder der von mir favorisierte „Bordeaux" mit Blattspinat und Gorgonzola haben ihre Liebhaber. Abgerundet wird das Speisenangebot mit wechselnden Fleischgerichten vom Alblamm aus regionaler Zucht und Saisonalem wie Spargel oder Kürbis.

Als Getränk zur französischen Variante unseres schwäbischen Pfannkuchens ist natürlich der klassische Apfelschaumwein Cidre in der Karte zu finden. Als Besonderheit, sozusagen eine Hommage an die schwäbischen Trinkgewohnheiten, gibt es aber auch eine Auswahl an verschiedenen Mostsorten. Bei Most handelt es sich, ähnlich wie beim kohlensäurehaltigen Cidre, um den vergorenen Saft von Früchten. Hierfür werden neben den klassischen Äpfeln oder Birnen auch Brombeeren, Heidel- oder Johannisbeeren, in Schwaben Träuble genannt, verwendet. Für einen Besuch am Wochenende empfiehlt es sich, in dem kleinen, nur knapp 30 Sitzplätze zählenden und urig im Landhausstil eingerichteten Restaurant einen Tisch zu reservieren. Dann steht einem schönen Abend mit lieben Menschen, im Licht der Korblampen und einem Krug Moscht auf dem Tisch, nichts mehr im Wege.

Crêperie Kornhäusle, Kornhausgasse 8, 89073 Ulm, Tel. (07 31) 1 51 73 11
www.kornhaeusle.com
ÖPNV: Bus 4, Haltestelle Hafengasse

Abseits ausgetretener Pfade

25 *Wo sich Fuchs und Hase gute Nacht sagen*

Wo sich einst die Bundeswehr und ihre NATO-Bündnispartner auf kleinere und größere militärische Konflikte vorbereiteten, sind heute vor allem Wanderer und Radfahrer unterwegs, um ein paar entspannte Stunden in der unberührten Natur zu verbringen. Das Areal des ehemaligen Truppenübungsplatzes im Münsinger Hardt ist ein bedeutender Teil des Biosphärengebietes Schwäbische Alb und steht für eine Kultur des Umdenkens in den Bereichen Artenschutz sowie der touristischen Ertüchtigung.

Heute hat sich die Natur große Teile des Geländes zurückerobert, und Gebäudekomplexe wie das Alte Lager oder die Überreste des Dorfes Gruorn wurden auf nachhaltige Weise touristisch erschlossen. Sie beherbergen neben der Möglichkeit zur zünftigen Einkehr auch ein kleines Heimatmuseum und das Besucherzentrum des Naturschutzgebietes.

Durch die über ein Jahrhundert während militärische Nutzung wurde das 6700 Hektar große Gebiet von Straßenbau und Flurbereinigungen weitestgehend verschont, und die für die Alb so typische Weidelandschaft aus dem 19. Jahrhundert konnte erhalten werden. Bei genauerem Hinsehen ist jedoch auszumachen, dass hier schweres militärisches Gerät zur einen oder anderen Erdverschiebung beigetragen hatte.

TIPP *Leckeren Kuchen gibt es im Café Königliche Post auf dem Gelände des Alten Lagers.*

Für schwindelfreie Besucher ist der Aufstieg auf einen der Aussichtstürme Pflicht. Von dort aus eröffnet sich einem ein spektakulärer Rundumblick über die umliegenden Mischwälder und Wiesen. Von hier aus sind auch die etwa 30.000 Schafe, welche zwei Drittel der Gesamtfläche des Offenlandes beweiden, als unzählige kleine weiße Punkte inmitten der hügeligen Landschaft auszumachen.

Am besten lässt sich das weitläufige Gelände mit dem Fahrrad erkunden. Wer nicht die Möglichkeit hat, sein eigenes Fahrrad mitzubringen, kann im Alten Lager, einer unter Denkmalschutz stehenden ehemaligen Truppenunterkunft aus dem Kaiserreich, ein E-Bike leihen und mit diesem ganz entspannt und in friedlicher Mission auf den ehemaligen Panzerfahrwegen durch die Gegend cruisen.

**Biosphärenzentrum Schwäbische Alb, Biosphärenallee 2, 72525 Münsingen, Tel. (0 73 81) 93 29 38 31
www.muensingen.com/Ehemaliger-Truppenuebungsplatz-Muensingen**

Legende von der Schönen Lau

26 *Besuch des Blautopfes in Blaubeuren*

„Zuunterst auf dem Grund des Blautopfs saß ehemals eine Wasserfrau mit langen fließenden Haaren." Mit diesen Worten beginnt die „Historie von der schönen Lau", und steht man heute am Rande des Blautopfes, erscheint es gar selbstverständlich, dass die mystisch blaue Karstquelle den schwäbischen Dichter Eduard Mörike im Jahr 1853 zu dieser Geschichte anregte.

Denn ohne Frage zählt der Blautopf zu den faszinierendsten Orten rund um Ulm. Bei dem Blick hinab in das blaugrün schimmernde Wasser kann man sich gut vorstellen, dass die Menschen früher dachten, die Karstquelle wäre bodenlos und von einer Meerjungfrau bewohnt. Dieser Effekt wird durch die sich im glasklaren Wasser spiegelnden Bäume und die Blätter der Wasserpflanzen noch verstärkt. Bewegen sich diese wie von Geisterhand und bricht sich das Sonnenlicht in der unergründlichen Tiefe, könnte man mit ein wenig Vorstellungskraft darin auch die wallenden Haare einer Nixe sehen.

TIPP **Bei der Sommerbühne kommen nicht nur Jazz, Kabarett und Klassik-Rock-Liebhaber auf ihre Kosten.**

Da ist doch nicht nur für die kleinen Besucher der Eisbecher im Café am Blautopf um einiges realer. Hier können neben Eis und Getränken auch kleinere Gerichte in gemütlicher Atmosphäre genossen werden, bevor man zu einem Spaziergang rund um den Blautopf aufbricht, die historische Hammermühle besucht oder vielleicht ein paar Runden im nur einen Steinwurf entfernten Freibad schwimmt. Der Blautopf eignet sich nämlich nicht zum Schwimmen, auch wenn man gerne in das türkisblaue Wasser hineinspringen würde. Unterhalb der sagenumwobenen Wasserquelle befindet sich ein über elf Kilometer langes Höhlensystem, das bis zum heutigen Tag nicht komplett erforscht wurde und in dem sicherlich noch das eine oder andere Geheimnis verborgen liegt. Wer weiß, vielleicht stößt man ja doch noch auf den unbeschreiblichen Palast der Schönen Lau. Am Ende eines Ausfluges steht auf jeden Fall fest, dass nicht nur die Schöne Lau ihre Fröhlichkeit und ihr Lachen – so sagt es die Legende - in dem kleinen Ort am Rande der Schwäbischen Alb gefunden hat.

Naturdenkmal Blautopf, 89143 Blaubeuren, www.blautopf.de
ÖPNV: RB, Bus 364, 365, Bahnhof Blaubeuren

Im Garten Eden

 27 *Eine entspannte Zeit im Botanischen Garten*

Fasziniert stehe ich vor dem Kakaobaum und schaue mir die schweren orange-gelben Früchte an, die ein wenig deplatziert und wie an den Stamm geklebt aussehen.

Den Tropenhäusern des Botanischen Gartens der Universität Ulm einen Besuch abzustatten, lohnt sich nicht nur im Winter, wenn man inmitten der exotischen Flora und Fauna ein wenig in Urlaubserinnerungen schwelgen und die angenehme Wärme genießen kann. Denn in unserem Alltag machen wir uns kaum bewusst, wie sehr unser Leben, der tägliche Konsum in den Industriestaaten, von den Subtropen- und Tropenpflanzen geprägt und in manchen Teilen auch abhängig ist. Wir als Menschen sind lediglich ein kleiner Teil dieser wunderbaren, faszinierenden Welt und neigen ab und an dazu, diese zu vergessen.

Die Veranstaltungen im umfangreichen Besucherprogramm, welches jedes Jahr unter einem anderen Motto steht, sollen uns ohne erhobenen Zeigefinger daran erinnern und den Sinn für unsere Umwelt schärfen. So werden den Interessierten Exkurse zur Bestimmung von Heilpflanzen, eine Kursreihe „Faszination Botanik" oder auch nächtliche Führungen in den Gewächshäusern zur Teilnahme angeboten.

TIPP *In den Sommermonaten kann man im Biergarten am Eingang bei den Gewächshäusern ein kühles Getränk genießen.*

Der erst 2001 angelegte Apothekergarten gehört neben den Gewächshäusern vor allem in den Sommermonaten zu den meistbesuchten Themengärten auf dem rund 28 Hektar großen Areal. Der Apothekergarten beherbergt auf terrassenförmig angeordneten Beeten rund 200 verschiedene Heilpflanzen von Baldrian und Echinacea bis hin zur Tollkirsche und informiert auf Hinweistafeln auch über weniger bekannte Gewächse wie die Flechte Isländisch Moos.

Besonders leuchtend ist die Farbenpracht im nur einen Steinwurf vom Apothekergarten entfernten Taglliliengarten. Und wenn man inmitten der kunterbunten Natur auf einer Parkbank sitzt und das einzige Geräusch das Summen der Bienen ist, könnte man fast denken, man sei im Garten Eden angekommen.

○ Botanischer Garten, Hans-Krebs-Weg, 89081 Ulm, Tel. (07 31) 5 03 13 51
www.uni-ulm.de/einrichtungen/garten/
○ ÖPNV: Straßenbahn 2, Haltestelle Botanischer Garten

Schilf & Wasser

28 *Ausflug an den Federsee bei Bad Buchau*

Wenn man etwas geschützt vom mannshohen Schilf im Uferdickicht steht, scheint der See gar nicht so weitläufig, und man vergisst schnell, dass sich das glitzernde Wasser auf einer Fläche von beachtlichen 1,4 Quadratkilometern ausdehnt. Der Federsee liegt inmitten des größten zusammenhängenden Moorgebietes Südwestdeutschlands und ist der – man kann schon fast sagen – letzte kümmerliche Rest eines einst sehr viel größeren, etwa 50 Quadratkilometer bedeckenden, nacheiszeitlichen Sees. Bei einer Wanderung durch die Moorlandschaft sieht man aber auch, dass die Landschaft von dem bis in die späten 50er-Jahre hinein betriebenen Torfabbau stark verändert wurde. Davon zeugen heute noch die vielen Kanäle und Entwässerungsgräben, die wie mit dem Lineal gezogen das Moor durchkreuzen.

Der schönste, wenn auch kostenpflichtige Spazierweg führt hinaus auf den See. Der 1,5 Kilometer lange und von Seerosen und Schilf umgebene Federseesteg entführt einen in eine von Menschen weitestgehend unberührte Welt. Hier kann man im Frühjahr den Schwänen beim Brüten zusehen oder auf einer der unzähligen Picknickbänke liegend einfach dem Rascheln des Schilfes lauschen.

TIPP *Die Saunalandschaft und das warme Wasser der Adelindis Therme bieten Wellness und Erholung für Körper und Geist.*

Bei genauerer Betrachtung ist das Federseer Ried dann auch mehr als ein Naturschutzgebiet, in dem geschützte Vogel- und Fischarten sowie Orchideen mit wohlklingenden Namen wie Torfglanzkraut gedeihen können. Die archäologischen Funde der letzten Jahrzehnte haben uns den Charakter einer Kulturlandschaft erhalten, die viel über die Lebensweise unserer Vorfahren verrät. Das Federseemuseum ist daher nicht nur der Ausgangspunkt für ausgedehnte Spaziergänge, sondern auch das Informationszentrum der Siedlungsfundstätten. Diese erstrecken sich von der Jungsteinzeit bis hin zur späten Bronzezeit. Verschiedene Ausstellungen im Museum veranschaulichen die Zusammenhänge und die Bedeutung der archäologischen Funde, und auf dem Freigelände bietet sich ein Eindruck vom Alltag unserer urgeschichtlichen Ahnen.

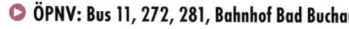

▶ **Federseemuseum, August-Gröber-Platz 2, 88422 Bad Buchau, Tel. (0 75 82) 83 50**
www.federseemuseum.de
▶ **ÖPNV: Bus 11, 272, 281, Bahnhof Bad Buchau**

Vom Kloster zum Bürgerhaus

29 *Auf Entdeckungsreise im Ulmer Stadthaus*

Was haben das Getty Center in Los Angeles und das Ulmer Stadthaus gemeinsam? Beide stammen von Architekt Richard Meier und bilden eine Ausnahme von seinem sonst ausschließlich weißen Baustil ohne Ecken und Kanten. Auch wenn der Meier-Bau nicht bei allen Ulmern gut ankommt, gehört er zu den interessantesten Gebäuden in der Innenstadt. Zentral am Münsterplatz gelegen, der über viele Jahrhunderte Franziskanermönchen eine Heimat bot, bildet das moderne Stadthaus heute einen prägnanten optischen Kontrast zum Münster mit seiner dunklen gotischen Sandsteinfassade. Das Wahrzeichen Ulms ist nicht nur dann gegenwärtig, wenn man die hellen und lichtdurchfluteten Räumlichkeiten des Stadthauses verlässt und die Dachterrasse betritt. Auch bei einem Blick durch die raumhohen Fenster rückt der imposante gotische Turm immer wieder in das Blickfeld der Besucher.

In den Ausstellungsräumen finden drei- bis viermal im Jahr Wechselausstellungen mit dem Schwerpunktthema Fotografie statt. Alle sind einen Besuch wert und haben schon den einen oder anderen renommierten Fotografen in die schöne Donaustadt gelockt. Im Innenraum faszinieren die offenen Etagen und gerundeten, scheinbar ineinander überfließenden Räume sowie ein großer Saal, in dem regelmäßig Konzerte sowie Tanzdarbietungen stattfinden. Einen krassen Kontrast zu den gerundeten Räumen bilden die drei markanten Giebel – eine Hommage, aber auch ein Zugeständnis des Architekten an die Giebelhäuser, die den Münsterplatz säumen. Auf der verwinkelten Dachterrasse befinden sich auch die Logenplätze für das Münsterglühen im Herbst: Ein paar Minuten, bevor die Sonne untergeht, taucht diese den Münsterturm in ein faszinierendes gold-gelbes Licht. Das Café im Erdgeschoss ist zudem der ideale Platz, um mit einem Buch aus der offenen Bibliothek im zweiten Obergeschoss und einem großen Stück Kuchen ein wenig auszuspannen oder als Tourist voller Tatendrang den weiteren Aufenthalt in Ulm zu planen. Die Touristeninformation ist nämlich ebenfalls im Stadthaus untergebracht.

TIPP Urban Beekeeping – die Dachterrasse bewohnen seit ein paar Jahren viele fleißige Bienchen.

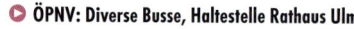

 Stadthaus Ulm, Münsterplatz 50, 89073 Ulm, Tel. (07 31) 1 61 77 00
www.stadthaus.ulm.de
 ÖPNV: Diverse Busse, Haltestelle Rathaus Ulm

Musik liegt in der Luft

 Entspannung im Neu-Ulmer Stadtpark Glacis

Von fern ist leise Jazzmusik mit dem rhythmischen Schlag auf den Saiten des Kontrabasses zu vernehmen. Der Schall der Melodie wird von den Mauern zurückgeworfen und verfängt sich im Grün der Bäume, bevor er vom Verkehrslärm der Ringstraße fast vollständig verschluckt wird. Bei so schönem Wetter ist es schwierig, eine freie Bank im Schatten der roten Ziegelmauer zu finden. Da haben es die kleinen Spatzen schon etwas einfacher, die am Rande der weiß geschotterten Spazierwege ein Staubbad nehmen.

Der Stadtpark Glacis wurde im Jahr 1980 im Rahmen der Landesgartenschau eröffnet und ist heute noch das grüne Band, das durch die Neu-Ulmer Innenstadt verläuft. Begrenzt wird der Park von der Festungsmauer der ehemaligen Ulmer Bundesfestung. Diese schloss im 19. Jahrhundert auch das bayerische Donauufer mit ein, und so konnte sich letztendlich Neu-Ulm als Garnisonsstadt etablieren. Die intensive militärische Nutzung der Glacis Anlagen ist zum Glück passé, und heute wird der Park in den Sommermonaten zum Freiluft-Wohnzimmer für Musikbegeisterte. Im Rahmen eines bunten Veranstaltungsprogramms mit Konzerten unterschiedlicher Genres kann am Rande des wunderbar duftenden Rosengartens den Klängen auf der Bühne gelauscht werden.

TIPP *Der Biergarten im Glacis lädt mit selbstgebrautem Bier und leckeren Brauerfladen zu kulinarischer Einkehr ein.*

Nur einen Steinwurf vom Park entfernt befindet sich das inoffizielle Wahrzeichen der Stadt Neu-Ulm. Wer jetzt denkt, der Wasserturm wäre auf dem Stadtwappen präsent, der irrt. Trotz alledem gehört er durch seine ungewöhnliche Farb- und Formgebung zu den einprägsamen Bauwerken am rechten Donauufer. Das Denkmal Neu-Ulmer Technikgeschichte, welches Ende des 19. Jahrhunderts in Betrieb genommen wurde und ehemals knapp 500 Neu-Ulmer Haushalte mit fließend Wasser versorgte, ist etwas versteckt über die Turmstraße bzw. den Spazierweg auf der Umwallung zu erreichen. Erbaut wurde es auf einem Kriegspulvermagazin – wobei sich bei näherem Nachdenken eine gewisse Ironie nicht ganz von der Hand weisen lässt.

- Glacis Park, Ringstraße, 89231 Neu-Ulm
- ÖPNV: Bus 5, Haltestelle Fachoberschule

Schön, dass ihr da seid

31 *Gastlichkeit in der Finninger Dorfwirtschaft*

Schon im kleinen Vorraum empfängt einen ein Gewirr von Stimmen und fröhliches Lachen, und von hinter der Theke erklingt ein herzliches „Grüß Gott". Die Finninger Dorfwirtschaft Zum Kreuz ist einer der Orte, an denen man sich einfach nur willkommen fühlen kann. Dabei gelingt der Spagat zwischen moderner Dorfwirtschaft mit bodenständiger schwäbischer Küche und großer Bierauswahl und der bereits seit drei Generationen währenden Wirtshaustradition.

„Früher war ja das Wirtshaus im Dorf genauso wichtig wie die Kirche, wenn nicht sogar noch wichtiger", meint der Inhaber Markus Leisner lachend und fügt hinzu, dass die Zeiten, in denen die Dorfwirtschaft der alleinige Dreh- und Angelpunkt des dörflichen Lebens war, vorbei sind. Dennoch ist er mächtig stolz darauf, die örtlichen Vereine und Gruppen regelmäßig im Gastraum und in der Donau-Stube, dem maritim dekorierten Nebenzimmer, begrüßen zu dürfen. Zu späterer Stunde erwacht dann auch die alte Jukebox wieder zum Leben, was nicht nur den Geräuschpegel in die Höhe steigen lässt. „Wir haben hier so tolle Gäste. Viele kommen schon in der zweiten oder dritten Generation hierher ins Kreuz und essen unseren Zwiebelrostbraten, das Cordon Bleu oder die ‚Schwäbischen Geschichten'." Dabei zählt Letzteres auch zu meinen unangefochtenen Lieblingsgerichten.

Das Fortführen der Familientradition, aber auch das Wagnis, neue Wege zu gehen und seine eigenen Ideen zu verwirklichen, sind dem Vollblutwirt dabei wichtig. „Meine Eltern hatten in den 1980er-Jahren die damalige Bierwirtschaft zu einem traditionellen Speiselokal mit Biergarten umgestaltet und dabei viel investiert. Vor ein paar Jahren wurde dann der Gastraum komplett modernisiert und im rustikalen Vintage-Stil eingerichtet. Manchmal muss man einfach den Mut haben, etwas zu verändern." Trotz alledem oder gerade deswegen sind der familiären Gastwirtschaft ihre Gäste treu geblieben, und die beliebten Klassiker sind unter keinen Umständen von der saisonal wechselnden Speisekarte wegzudenken.

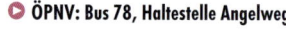

◗ Finninger Dorfwirtshaus Zum Kreuz, Dorfstraße 34, 89233 Neu-Ulm, Tel. (07 31) 7 38 05
www.finninger-dorfwirtshaus.com
◗ ÖPNV: Bus 78, Haltestelle Angelweg

Wacholder & Steckerlfisch

 32 *Natur pur im Kiesental*

Nur ein paar Kilometer von der Ulmer Innenstadt entfernt bietet sich im Naherholungsgebiet Kiesental eine tolle Gelegenheit, aus dem Alltag auszubrechen und die klare Luft inmitten von Wäldern und der für die Schwäbische Alb so typischen Wacholderheide zu genießen. Das heute wasserlose Tal müssen die Wanderer, Nordic Walker und Spaziergänger lediglich mit ein paar Schafen teilen, welche im Schatten der Bäume als wollige Knäuel die Vorbeikommenden interessiert beobachten und die kleine Störung mit einem mehrstimmigen Geblöke willkommen heißen. Der Wanderweg führt durch das tief eingeschnittene Tal, und die steil ansteigenden, mit Laub- und Nadelbäumen bewaldeten Hänge vermitteln den Eindruck, sich fernab der Zivilisation zu bewegen.

Schon seit jeher ist das grüne und romantische Kiesental mit zwei Wanderparkplätzen sehr gut erschlossen und ganzjährig eine wunderschöne Destination für verschiedene Outdooraktivitäten. Im Frühsommer und Herbst lädt das Tal zu entspannten Wanderungen und im Sommer zu einer Nordic-Walking-Tour ein. Für Letztere kann zwischen drei verschiedenen, gut beschilderten Wegstrecken mit unterschiedlichen Schwierigkeitsgraden gewählt werden.

TIPP *Picknickdecke raus – im Kiesental gibt es tolle Plätze für entspannte Stunden in der Natur.*

Im Winter locken die umliegenden Hänge vor allem die kleinen Besucher zu einer tollkühnen Fahrt hinab ins Tal. Vom Wanderparkplatz südlich von Bollingen an der Blautalstraße erstreckt sich ein beliebter Schlittenhügel, dessen Anblick vielen Menschen in Anbetracht der heiteren Kindheitserinnerungen ein Lächeln auf die Lippen zaubert. Der zweite Wanderparkplatz an der Weiherstraße ist nicht nur stadtnäher, sondern auch nur einen Steinwurf von der Blautal Forellenzucht entfernt, die der ideale Ort zum Ausklang einer entspannten Wanderung ist. Hier sind neben den obligatorischen geräucherten Forellen vor allem die Makrelen als Steckerlfisch zu empfehlen. Diese werden am Wochenende im Biergarten auf einem riesengroßen Grill zubereitet und können, wie auch etwaige selbst gefangene Forellen, natürlich mit nach Hause genommen werden.

○ Kiesental, Wanderparkplatz Weiherstraße, 89134 Blaustein
○ ÖPNV: Bus 38, Haltestelle Kalte Herberge (Blaustein)

Fleißige Bienchen

33 *Einkaufen in der Honigstube*

Öffnet man die Tür zu dem kleinen Laden in der Dreikönigsgasse, scheint es, als hätte man die Sonnenbrille mit den gelb-goldenen Gläsern aufgesetzt. Bei 100 verschiedenen Honigsorten, die alle ordentlich aufgereiht in den fast raumhohen Regalen gestapelt sind, wird einem erst die von der Natur geschenkte Mannigfaltigkeit bewusst und auch, dass Honig nicht gleich Honig ist. Hier reicht die Sortenvielfalt von Klassikern wie dem Sommerblütenhonig über Wald- und Tannenhonig bis hin zu exotischen Sorten wie Dattel-, Eukalyptus-, Limonen- oder Lavendelhonig. Das Naturprodukt ist in den letzten Jahren immer mehr in den Fokus der gesundheitsbewussten Verbraucher gerückt. Dazu haben sicherlich auch der neue „Wunderhonig" Manuka aus Neuseeland sowie die Wiederentdeckung von Bienenprodukten wie Propolis und Gelée Royale beigetragen. Bereits zu Zeiten der Germanen wusste man, dass im Honig Superkräfte stecken, welche weit über dessen Verwendung als bloßes Genussmittel hinausreichen, so dass er auch zur Verehrung der Götter diente. Ob unsere Vorfahren das Problem mit dem flüssigen Honig und den Löchern im Brot ebenfalls gehabt haben, ist an dieser Stelle leider nicht überliefert.

TIPP Hier gibt es auch den Ulmer Festungshonig von Bienenstöcken aus dem Fort Albeck zu kaufen.

Ganz klar ist jedoch, dass ein Frühstück ohne Honigbrot für Liebhaber des süßen Goldes undenkbar ist. Bei den Kunden stehen vor allem Honigarten aus der Region rund um Ulm, aber auch der Gebirgsblütenhonig aus dem Allgäu hoch im Kurs. Dabei ist es kaum vorstellbar, wie viel harte Arbeit der fleißigen Bienchen in einem 500-Gramm-Glas steckt. Da der Honig ein hundertprozentiges Naturprodukt ist, sind vor allem die von den Bienen gesammelten Blüten und natürlich der Standort des Bienenstockes ausschlaggebend für den Geschmack des Honigs. Denn wie heißt es schon in einem alten Sprichwort: „Willst Du Gottes Wunder sehen, musst Du zu den Bienen gehen" – oder in die Ulmer Honigstube.

⊙ **Ulmer Honigstube, Dreikönigsgasse 6, 89073 Ulm, Tel. (07 31) 39 88 67 80**
⊙ **ÖPNV: Diverse Busse, Haltestelle Rathaus Ulm**

Erdmännchen & Co.

34 *Ausflug in den Ulmer Tiergarten*

Schon von weitem hört man ein eindringliches Blöken, welches immer lauter wird, nähert man sich dem unscheinbaren Gebäude am Rande der Friedrichsau. In diesem ist nämlich der Tiergarten der Stadt Ulm untergebracht, der von vielen älteren Ulmern auch gerne als Aquarium bezeichnet wird und in dem das eine oder andere Stadtkind das erste Mal in die Natur geschnuppert und Schweine gebürstet hat.

Das Außengehege gehört im Sommer für die kleinen Besucher sicherlich zu den beliebtesten Bereichen, locken doch neben dem Spielplatz und besagter Schweine-Bürst-Station auch die naseweisen Ziegen und Kamerunschafe, die sich gerne mal hinter den Öhrchen kraulen lassen. Dabei gehört aus historischer Sicht eigentlich der Bereich Aquaristik zum Themenschwerpunkt des Tiergartens. Heute gibt es zur Freude aller aber mehr als nur ein paar Wasserbewohner im Bachlaufbecken und in den Aquarien zu beobachten. Neben dem Außengehege komplettieren das Tropenhaus und die Terraristik den Tiergarten, der übrigens ein echter lizenzierter Zoo ist, auch wenn es der Name vielleicht nicht vermuten lässt. Die Reise durch den Tiergarten beginnt dann auch für den Besucher im Donautunnel, der einen mit seinem grün-blau schimmernden Wasser sogleich in den Bann zieht. Hier läuft man im wahrsten Sinne des Wortes auf dem Grund der Donau und sieht neben der Hechtdame Helga riesige Karpfen und mysteriös dreinschauende Störe an sich vorbei- und über sich hinwegschwimmen.

TIPP Der Tiergarten bzw. die dort beheimateten Tiere können durch eine Tierpatenschaft unterstützt werden.

Im Tiergarten haben rund 200 verschiedene und auch teils gefährdete Arten ein Zuhause gefunden. So können die haarig-faszinierenden Vogelspinnen, das Chamäleon Pablo, die quirligen Affen oder auch der scheinbar immer relaxte Alligator Timo beobachtet werden.

Wichtige Aspekte sind dabei auch die Darstellung der Lebensräume der Tiere und deren Vergesellschaftung, die es den kleinen frechen Erdmännchen ermöglicht, eine Schildkröte als Taxi zweckzuentfremden und auf ihr zum nächsten Futternapf zu reiten.

Tiergarten Ulm, Friedrichsau 40, 89073 Ulm, Tel. (07 31) 1 61 67 42
www.tiergarten.ulm.de
ÖPNV: Straßenbahn 1, Haltestelle Donauhalle

Auf Zeit- und Wissensreise

 35 *Bibliothekssaal des Klosters Wiblingen*

„Nicht kleckern, sondern klotzen", hatte sich wohl der damalige Abt der Benediktinerabtei gedacht, als er Mitte des 18. Jahrhunderts den imposanten Bibliothekssaal im Nordflügel des Klosters Wiblingen in dem damals vorherrschenden Rokokostil gestalten ließ. Die Inschrift über dem Portal der Bibliothek lässt beim beeindruckten Besucher auch keine weiteren Fragen mehr offen, denn hier sollen „alle Schätze der Weisheit und Wissenschaft" versammelt sein.

Aus heutiger Sicht ist das natürlich ein wenig zu hoch gegriffen, doch das Kloster samt der Bibliothek ist über die Jahrhunderte hinweg ein Ort des Lernens und Lehrens geblieben. Der Transfer, also der Handel mit Wissen, war nämlich schon zur Blütezeit der Benediktinerabtei eine wichtige und von den Mönchen ernstgenommene Tätigkeit, die den Bau der üppig dimensionierten Klosteranlage überhaupt erst möglich machte. Heute führen das Museum im Konventbau, zu dem auch die Bibliothek zählt, und die Akademie für Gesundheitsberufe diese Tradition unter weltlichen und zeitgemäßen Gesichtspunkten weiter. Da gehört es auch dazu, dass die 9000 Bücher, die sich primär mit philoso-

TIPP *Alljährlich findet im Sommer das Klosterhof Open-Air mit weltlichen Klängen der Pop- und Rockmusik statt.*

phischen und naturwissenschaftlichen Themen befassen, alle im Katalog der Stadtbücherei Ulm gelistet sind und somit regulär ausgeliehen werden können.

Ansonsten bleibt der Bibliothekssaal ein Ort der Stille, der Harmonie und der schönen Muse. In dem 23 Meter langen, doppelstöckigen Raum wurde architektonisch nichts dem Zufall überlassen, diente er doch nicht, wie von vielen vermutet, als Studienzimmer für die Mönche, sondern rein repräsentativen Zwecken. Trotz der kräftigen Farben an den Wänden und auf dem Deckenfresko sowie der üppigen Goldverzierung wirkt der Raum nicht überladen. Hierbei spielt wohl die Symmetrie des Fliesenmusters auf dem Boden eine nicht unerhebliche Rolle. Bei näherem Hinsehen kann man nämlich neben den Blumen auch Stufen erkennen, die einem optisch den Weg durch den lichtdurchfluteten Raum weisen.

Kloster Wiblingen, Schloßstraße 38, 89079 Wiblingen, Tel. (07 31) 5 02 89 75
www.kloster-wiblingen.de
ÖPNV: Bus 3, 8, Haltestelle Pranger

Burg, Land, Fluss

36 *Wandern rund um Blaubeuren*

Die Rundwanderung um Blaustein gehört ohne Frage zu den schönsten Strecken entlang des idyllischen Blautals. Der Aufstieg zur Ruine startet im Blaubeurer Ortsteil Gerhausen und verläuft anfangs steil hinauf durch den Wald, wobei der Weg mit einem gelben Kringel gekennzeichnet ist. Nach einem kurzen, aber anstrengenden Stück führt der Wanderweg vorbei an der Großen Grotte. Obwohl nicht extra ausgeschildert, ist diese nicht zu verfehlen. In der Höhle lebten anno dazumal nicht etwa Wächterdrachen der Burg, sondern Neandertaler. Steht man heute inmitten der 17 Meter hohen Halle, befindet man sich in einer der nachweislich ältesten Behausungen der Neandertaler auf der Schwäbischen Alb.

Wandert man nun bergauf weiter, erreicht man bald die nur einen Steinwurf entfernte Ruine Hohengerhausen. So heißt die im Volksmund nur Rusenschloss genannte Burg mit offiziellem Namen. Diese betritt man durch einen schmalen Torbogen. Die Burg wurde im 11. Jahrhundert erbaut, in den darauffolgenden Jahrhunderten von den wechselnden Besitzern aus- und umgebaut und fristete ihr Dasein letztendlich als Steinbruch. Anfang des 19. Jahrhunderts wurde das zwischenzeitlich denkmalgeschützte Gemäuer vom Staat zurückgekauft und seither kontinuierlich restauriert und instandgehalten.

TIPP Im Naturfreundehaus nahe dem Wanderparkplatz lässt sich lecker Kaffee und Kuchen genießen.

Der sogenannte Knoblauchfelsen befindet sich ein kurzes Stück von der Ruine entfernt und ist definitiv der schönste Aussichtspunkt über das Blautal, in dem das namensgebende Flüsschen durch die Wiesen mäandert und das blau-grüne Wasser in der Sonne glitzert. Der weitere Wanderweg durch das Naturschutzgebiet verläuft relativ eben, jedoch hoch über dem Tal in Richtung Blaubeuren. Dabei kommt man am Kriegerdenkmal und in Sonderbuch am Flugplatz vorbei. Zu guter Letzt steigt man nach ein paar Kilometern hinab zum legendären Blautopf. Das Wegstück zurück zum Parkplatz in Gerhausen verläuft ebenerdig durch Wiesen und Weiden entlang des Flüsschens, über dem stolz, wie ein Adler in seinem Nest, die Ruine des Rusenschlosses thront.

◉ Ruine Rusenschloss, Wanderparkplatz am Riedweg, 89143 Blaubeuren (OT Gerhausen)
◉ ÖPNV: RB, Bus 364, 365, Bahnhof Blaubeuren

Entlang historischer Mauern

37 *Unterwegs auf dem Festungsweg*

Die beiden Städte Ulm und Neu-Ulm eint weit mehr als nur der Aspekt, dass sie am Ufer der Donau liegen. Aus historischer Sicht gibt es nämlich seit Mitte des 19. Jahrhunderts ein Bauwerk, dessen schützende Gemäuer die beiden Donaustädte verbinden, was letztendlich zur Stadtgründung von Neu-Ulm beigetragen hat und daneben auch eine einzigartige Geschichte im süddeutschen Raum erzählt.

Die Rede ist von der Bundesfestung, die, als eine von fünf Verteidigungsanlagen des Deutschen Bundes erbaut, letztendlich und glücklicherweise in dieser Funktion nicht mehr zum Einsatz kam. Große Teile des Baudenkmals mit seinen Bastionen, Werken und Forts können heute auf dem Festungsweg bei einem gemütlichen Spaziergang entdeckt werden. Dieser entführt und führt historisch Interessierte auf einer Länge von 12,5 Kilometern entlang der Hauptumwallung der Festungsanlage. Der Spazierweg wurde im Jubiläumsjahr 2009, das unter dem Motto „150 Jahre Vollendung der Bundesfestung" stand, angelegt. Auf den 32 Infotafeln, die farblich in drei Themenbereiche gegliedert sind, wird auf Stadtgeschichtliches, Informationen über die Festung sowie auf die Glacis-Anlagen und deren heutige Nutzung eingegangen. Selbst als gebürtiger Ulmer kann man so manche Ecken und Winkel, die sonst eher im Verborgenen liegen und wenig Beachtung finden, entdecken.

Aber auch als naturliebender Genusswanderer und Fotografie-Begeisterter kommt man zu jeder Jahreszeit voll und ganz auf seine Kosten, denn die meisten Forts und manche Bastionen entstanden auf Aussichtspunkten rund um die damalige Stadt. Heute liegen sie oft inmitten der Stadtgrenzen und sind zu einem lebendigen Teil der beiden Donaustädte geworden. Das Stadtbild prägen sie dabei allemal, wobei ihre ursprüngliche militärische Existenzberechtigung natürlich keine Rolle mehr spielt. Viele der Bastionen dienen jetzt als Zentren für Kunst oder Kultur, als Standorte für Museen sowie Bildungs- und Gedenkstätten und stehen so für einen einmaligen Wandel im Zeichen einer hoffentlich weiterhin friedlichen Zukunft und eines verständigen Miteinanders.

Festungsweg, Zentraler Informationspunkt an der Wilhelmsburg, Förderkreis Bundesfestung e.V., Tel. (07 31) 1 59 87 7

ÖPNV: Bus 7, Haltestelle Kliniken Michelsberg

Zwergen-Parade

38 *Besuch bei FrauFux*

„Angefangen hat ja alles mit einem Zwerg mit goldener Mütze", lacht Susanne Fuchs und schaut auf das lange Regal hinter der liebevoll dekorierten Verkaufstheke. Betritt man den kleinen, gemütlichen Laden in der Neu-Ulmer Innenstadt, fallen einem als erstes die Betonzwerge auf besagtem Regal ins Auge, deren bunte Mützen in allen Farben des Regenbogens leuchten und die die Besucher herzlich willkommen heißen. Denn wer bei Beton an ein Grau-in-grau-Einerlei denkt, der wird bei einem Besuch im bezaubernden Wunderland von FrauFux um ein Besseres belehrt.

Dass zum Betonieren mehr dazugehört, als nur Wasser und Beton zu mischen, zeigt schon der filigrane Wasserturm – das Wahrzeichen der Stadt Neu-Ulm –, der in verschiedenen Größen auf der Theke thront. „Die Idee dazu hatte ich schon länger. Mein Sohn hat die Form mittels 3D-Technik konstruiert und ich im Anschluss die Gussform erstellt", meint Susanne stolz und fügt hinzu, dass dieses Familienprojekt auf jeden Fall nach Wiederholung schreit und weiter Ideen schon in Planung seien.

Bei FrauFux kann sich zudem jeder selbst kreativ ausleben, denn der Verkaufsraum ist Werkstatt und Kursraum zugleich. „Dann

TIPP Aktuelles erfährt man auf dem Instagram-Account fraufuxneuulm

wird der Verkaufstresen, an dem ich schon als Jugendliche Gemüse verkauft habe, abgeräumt und zum Mittelpunkt eines kreativen, lustigen Abends umfunktioniert", meint Susanne und fügt verschmitzt schmunzelnd hinzu, dass die Sache mit dem Gemüseverkauf nochmals eine andere Geschichte sei.

Geschichten erzählen auch die Fotos auf Beton, die sie auf individuelle Anfrage anfertigt. „Hierzu habe ich einen sehr persönlichen Bezug, begleitet mich doch die Fotografie schon mein ganzes Leben lang. Bilder sind kleine Schätze, die man als Momentaufnahme mit der Kamera eingefangen und für die Ewigkeit festgehalten hat." Im Zusammenhang mit dem Werkstoff bekommt dieser Gedanke eine wundervolle neue Bedeutung.

FrauFux, Friedenstr. 6, 89231 Neu-Ulm, Tel. (01 79) 41 77 98 1
www.fraufux.de
ÖPNV: Diverse Busse, Haltestelle Rathaus Neu-Ulm

Donauinsel

 39 *Auf dem Neu-Ulmer Schwal*

Steht man an der Spitze der Donauinsel, liegen genau 2586 Kilometer zwischen einem und der Mündung der Donau in das Schwarze Meer. Dabei fließt der europäische Strom durch zehn Länder und erreicht mancherorts eine Breite von unglaublichen 500 Metern.

Der Neu-Ulmer Schwal, der früher zur freien Reichsstadt Ulm gehörte, war lange Zeit der Ort, von dem Auswanderer in die südöstlichen europäischen Länder aufbrachen. Ihre Reise legten sie in den markanten Ulmer Schachteln zurück, deren Nachbauten auch heute noch auf der Donau unterwegs sind. Bei der Schachtel handelt es sich traditionellerweise um Einwegboote, die am Ziel auseinandergebaut und als Nutzholz zur Weiterverwendung verkauft wurden. Sie wurden damals exklusiv von der Ulmer Schifferzunft unweit des Schwals, dessen Areal als Floß- und Schiffsgelände genutzt wurde, gebaut.

Heute geht es am Zusammenfluss der kleinen und großen Donau weit weniger turbulent und laut zu. Lediglich am Schwörwochenende, welches immer am dritten Wochenende im Juli stattfindet, herrscht Volksfeststimmung auf der östlichen Inselspitze. Diese wird dann von ausgelassen Feiernden im Nu erobert, und die Stufen des Denkmals für die Kriegsopfer werden schon mal zur Sitzgelegenheit umfunktioniert.

TIPP *Auf der Neu-Ulmer Donauseite dürfen Enten gefüttert werden, während dies auf Ulmer Seite verboten ist.*

Mangels der Möglichkeit, an den Gräbern der Gefallenen zu trauern, wurde das Monument in den frühen 30er-Jahren von Edwin Scharff, einem deutschen Bildhauer und bedeutenden Sohn der Stadt Neu-Ulm, inmitten der Parkanlage erbaut.

Von dort aus hat man zudem einen wunderbaren Blick auf beide Donauufer, die Ulmer Stadtmauer, das Haus der Begegnung und den Gänsturm. Auch so mancher Schwan kann hier beim Brüten in der Uferböschung beobachtet werden. So steht der Schwal heute für eine wechselhafte Donau-Geschichte, geprägt von Freud, Leid und Neuanfang, und gehört zu den, wenn auch flächenmäßig nicht größten, so doch schönsten Parks in der Neu-Ulmer Innenstadt.

Schwal, 89231 Neu-Ulm
ÖPNV: Diverse Busse, Haltestelle Petrusplatz

Frühlingsboten am Donauufer

40 *Inmitten des Kirschblütenmeeres*

Fährt man im Frühjahr die Augsburger Straße entlang, kann einem das Blütenmeer wohl nur ein Gefühl von Glückseligkeit ins Herz zaubern. Unweit der Villa Schäfer, eines im Jahr 1909 im damals hochmodernen barockisierenden Jugendstil erbauten herrschaftlichen Wohnhauses, stehen auf einem schmalen Grünstreifen zwischen Donauuferweg und Straße eine Reihe von Zierkirschen, die mit ihren rosaroten Blüten und dem betörenden Duft das ultimative Gefühl von Frühling, Freiheit und Schönheit versprühen.

Zwar hat bei uns in Europa die Kirschblüte nicht diesen symbolträchtigen Charakter wie beispielsweise in Japan, wo sie als wichtiges kulturelles Symbol gilt, im Rahmen von Festen gefeiert wird und auch im traditionellen Liedgut verwurzelt ist; dennoch ist sie auch hier ein Symbol für das Ende des Winters und steht für den Aufbruch, der mit dem Wechsel von der kalten in die warme Jahreszeit einhergeht.

Zeigen sich die ersten Sonnenstrahlen im Frühjahr, ist die Zeit gekommen, um es sich auf den Bänken entlang der Donau oder auf dem kleinen Mäuerchen unweit der Straße bequem zu machen und ein Buch zu lesen oder sich einfach nur die Sonne aufs Gesicht scheinen zu lassen.

Die Zierkirschenallee begrenzt das westliche Ende des historischen Herbelhölzles. Dieses erstreckt sich von der Villa Schäfer bis hin zum Donausteg in Offenhausen. Hier, auf den Bänken am Uferweg mit Blick auf die Donau und im Schatten der alten Laubbäume, befindet sich nicht nur ein Eldorado für Enten, Möwen und Fischreiher, sondern ebenfalls ein schöner Platz, fernab des Alltagstrotts, dessen Ruhe in den Abendstunden lediglich durch das Gescharre des einen oder anderen Igels auf Futtersuche gestört wird.

Das Ende des Frühjahrs wird dann mit einem von rosaroten Blüten übersäten Gehweg entlang der Straße eingeleitet. Denn genauso hinreißend die Blüten in der Sonne leuchteten, so vergänglich ist deren Pracht, und zurück bleibt nur die Sehnsucht nach dem nächsten Frühling.

* * *

🔴 Kirschblüten, Augsburger Straße, 89231 Neu-Ulm
🔴 ÖPNV: Bus 84X, Haltestelle Neu-Ulm Landratsamt

Über den Dächern

 41 *Besteigung des Münsterturms*

So langsam zwickt es schon ein wenig in den Waden, aber bis zur Helmkranzgalerie im oberen Drittel des Turmes sind es ja nur noch wenige Stufen. Das ist natürlich leicht gesagt, wenn man schon über 700 hinaufgestiegen ist. Aber die Mühe lohnt sich allemal, hat man doch von 143 Metern Höhe einen unvergleichlich schönen 360-Grad Panoramablick bis zu den Alpen. Von den Ulmern wird der mit 161,53 Metern höchste Kirchturm der Welt leider oftmals nur vom Münsterplatz aus wohlwollend und voller Stolz betrachtet. Die Besteigung gehört doch eher zum klassischen Programm, das man zusammen mit seinen Gästen, die etwas von der schönen Donaustadt sehen wollen, bestreitet. Die Wendeltreppe schraubt sich, vorbei an der Türmer Stube, fast schon unbarmherzig in Form einer schmalen und teilweise schlecht beleuchteten Spindel in die Höhe. Dabei eröffnen sich immer wieder neue Perspektiven, und mit jedem Meter, den man zurücklegt, werden die Menschen auf dem Münsterplatz kleiner und kleiner.

Wenn man überlegt, dass es sich bei diesem monumentalen Kirchenbau um eine Bürgerkirche handelt, welche im 14. Jahrhundert von den damals knapp 10.000 Ulmern finanziert wurde, ist das mit heutigen Augen betrachtet fast schon unbezahlbar.

TIPP *Am Abend ist die Turmspitze eindrucksvoll mit einer LED-Lichtkonstruktion in Szene gesetzt.*

Tritt man dann auf einer der drei Galerien das erste Mal wieder ans Tageslicht, ist man nicht nur von der Aussicht beeindruckt. Von hier können auch die zahlreichen steinernen Ornamente, Verzierungen und Wasserspeier, welche die Fassade schmücken und „von der Erde aus" nicht in dieser Detailtreue zu sehen sind, bewundert werden. Dabei wurde der Turm erst Ende des 19. Jahrhunderts in einer zweiten Bauperiode und somit über 300 Jahre später als das Kirchenschiff fertiggestellt. Wie ein Wunder scheint da auch, dass die Kirche im Zweiten Weltkrieg den heftigen Bombardements widerstand. Nicht umsonst steht das Münster mit seinem markanten Westturm wie kein anderes Symbol für Ulm, und ein wenig Lokalpatriotismus hat ja noch nie geschadet.

⊙ **Ulmer Münster, Münsterplatz 21, 89073 Ulm**
⊙ **ÖPNV: Diverse Busse, Haltestelle Rathaus**

Craft Beer seit 1690

 42 *Einkehr im Biergarten der Schlössle Brauerei*

Oft sind es die einfachen Dinge, die uns glücklich machen. Die Sonne lacht vom Himmel, die Luft ist angenehm warm, man sitzt zusammen mit Freunden in entspannter Atmosphäre im Schatten des Kastaniengartens, und vor einem steht ein kühles Bier auf dem Tisch.

So falsch können Persönlichkeiten wie Kaiser Napoleon oder der Kurfürst Max Emanuel nicht gelegen haben, als sie in Offenhausen in der Brauerei-Gaststätte Schlössle abstiegen. Schon damals spiegelten sich die Blätter der Kastanienbäume in den Fenstern des zwischenzeitlich denkmalgeschützten Patrizierhauses, dessen Fassade an die eines Schlösschens erinnert. Die weit über die Haushöhe gewachsenen Bäume sind heute ein bekanntes Markenzeichen und als Schattenspender ein essenzieller Teil des urigen Biergartens.

Nicht umsonst wurde dieser schon viele Male zum beliebtesten Biergarten von Ulm und Neu-Ulm gekürt, verbindet sich hier doch alles, was nicht nur das bayerische Besucherherz höherschlagen lässt: hausgebraute Bierspezialitäten, zünftige Hausmannskost und ein gemütliches, ungezwungenes Ambiente im historischen Gastraum. Zum Glück hat sich die Qualität des Bieres, mag man den historischen Überlieferungen Glauben schenken, stark verbessert, was in diesem Kontext sicherlich noch untertrieben ist: Spezialbiere wie das Holy Stuff oder das Georgsbier haben in den letzten Jahren nationale und internationale Auszeichnungen erhalten.

TIPP Wer keinen Master-Abschluss hat, der kann hier seinen Biermaster ablegen – und natürlich jeder, der mag.

Trotz alledem bleibt das Schlössle das bodenständige Wohlfühlgasthaus, in dem schon Generationen von Neu-Ulmern ihre Familienfeste von der Wiege bis zur Bahre feierten und auch künftig feiern werden. Dabei erfreuen sich Spezialitäten wie der Bierbraten mit Spätzle, Saure Kutteln mit Bratkartoffeln oder Wollwürste mit dunkler Biersauce und Kartoffelsalat seit Jahrzehnten stetiger Beliebtheit und sind von der Speisekarte nicht mehr wegzudenken. Das Schlössle, dem die Tavernen-Rechte bereits im Jahr 1673 verliehen wurden, ist und bleibt einfach ein Traditionsbetrieb aus vollster Überzeugung.

◐ **Brauerei-Gaststätte Schlössle, Schlössleweg 3, 89231 Neu-Ulm, Tel. (07 31) 7 73 90**
www.schloessle.com
◐ **ÖPNV: Bus 84, Haltestelle Grundweg**

Ulms grüne Lunge

43 *Sommerfrischler in der Friedrichsau*

Jeder Bewohner der Doppelstadt hat wohl schon mal den einen oder anderen Nachmittag beim Spazierengehen, Picknicken oder Minigolfspielen in der Friedrichsau verbracht. Als Ulms größter Stadtpark kann die Au auf eine lange Tradition als beliebtes Ausflugsziel zurückblicken. Ihren Namen hat sie Anfang des 19. Jahrhunderts von Friedrich I. erhalten und wurde durch den aufkommenden Trend, seine knapp bemessene Freizeit bestmöglich zu nutzen, schnell zum sonntäglichen Treffpunkt für die ganze Familie. Das hat sich auch nach mehr als 200 Jahren nicht geändert.

Ihr jetziges Gesicht hat die Friedrichsau übrigens der ersten Landesgartenschau Baden-Württembergs im Jahr 1980 zu verdanken. Diese machte den damaligen Blümchenpark zu einem echten Landschaftspark. Die zahlreichen Einkehrmöglichkeiten in den ehemaligen Gesellschaftsgärten sind für viele ein weiterer Grund, einen Ausflug ins Grüne zu unternehmen. Biergärten wie die Teutonia oder der Liederkranz können auf eine lange Tradition zurückblicken. Bier getrunken wurde in Ulm, um Ulm und um Ulm herum nämlich schon immer reichlich: Im Sommer 1879 waren es über alle Gesellschaftsgärten hinweg gerechnet stolze 70.300 Liter.

TIPP *Die Terrasse des Restaurants Lago ist der perfekte Platz für ein leckeres Frühstück direkt am Unteren Ausee.*

Zu den etwas versteckt gelegenen Orten im Stadtpark gehört zweifelsohne das Fort Friedrichsau. Verwunschen und halb überwuchert liegt es ein wenig abseits des Hauptspazierweges entlang der Donau und ist nicht nur für Liebhaber der Fotografie einen Abstecher wert. Auch die Kleinen und somit auch alle vorbeiflanierenden Spaziergänger kommen am weitläufig gestalteten Wasserspielplatz am Fort voll und ganz auf ihre Kosten. Heutzutage fast nicht mehr vorstellbar ist, dass hier bis Mitte 2000 Braunbären, nicht artgerecht, in einem Gehege aus den späten 30er-Jahren präsentiert wurden. Zum Bewahren von Traditionen gehört eben auch eine zeitgemäße Umgestaltung. Denn so gerüstet kann die Au als beliebtes Ausflugsziel den Bürgern noch lange viel Freude bereiten.

Friedrichsau, Friedrichsaustraße, 89073 Ulm
ÖPNV: Straßenbahn 1, Haltestelle Wohnpark Friedrichsau

Glücklich. In Günzburg

44 *Zu Besuch in Klein Wien*

Der klare blaue Himmel und die warme Luft versprechen den perfekten Frühlingstag. Um einen herum haben bereits die unzähligen Cafés und Restaurants ihren Außenbereich bestuhlt und heißen ihre Gäste in der historischen Altstadt rund um den zentralen Marktplatz willkommen. In der Stadt an Günz und Donau muss man sich einfach willkommen fühlen. Die entspannte Atmosphäre lässt sich am besten bei einem Bummel durch die Altstadtgassen erleben, wo sich die kleinen Lädchen mit liebevoll gestalteten Auslagen aneinanderreihen.

Die quirlige Stadt ist jedoch nicht erst seit der Eröffnung des nur ein paar Kilometer entfernten Legolandes ein Treffpunkt für Menschen aus aller Herren Länder. Im Herzen der Altstadt, welche wie ihre große Schwester Wien von den Habsburgern auf dem Reißbrett entworfen wurde, wurden bereits zu deren Zeit die Pferde der Postkutschen getauscht und ein Zwischenstopp auf der damals überaus populären Route Paris-Wien eingelegt. Die Zeiten, in denen man mit der Postkutsche durch Europa reisen musste, werden heute zum Glück nur noch im Heimatmuseum lebendig. Ganz anders der Wochenmarkt, der auf eine 600-jährige Tradition zurückblicken kann und den Marktplatz jeden Dienstag zu einem Ort lebendigen Treibens verwandelt.

TIPP Ein außergewöhnlicher Ort für ein Weißwurstfrühstück ist die Türmerstube des Unteren Tors.

Heute ist Günzburg ein idealer Ausgangspunkt für einen naturnahen Urlaub fern der Großstadt. Inmitten eines gut ausgebauten Netzes an Rad- und Wanderwegen steht einer aktiven Freizeitgestaltung nur der eigene Schweinehund im Weg. Ist dieser erst einmal überwunden, wird man mit einem entspannten Naturerlebnis in den verwunschenen Auwäldern entlang der Donau belohnt. Kulturinteressierte Besucher kommen hingegen bei unzähligen Veranstaltungen auf ihre Kosten. Eine feste Größe ist dabei der Kultursommer, der jedes Jahr von Juni bis September das Stadtleben mit zahlreichen Konzerten, Ausstellungen und Festen bereichert. Aber auch einfach so lässt sich das Leben bei einem Eis in einem der vielen Cafés um den Marktplatz genießen.

○ Altstadt Günzburg, Marktplatz, 89312 Günzburg
○ ÖPNV: RB, Bus 818, 851, 855, Bahnhof Günzburg

Garteninspiration

45 *Die Staudengärtnerei Gaißmayer*

Aufgeregt quakend rennen die Enten über die schmalen Wege des Mutterpflanzenackers. Vor allem nach niederschlagsreichen Tagen lässt die Ernährungslage für die schnatternden Gartenbewohner keine Wünsche offen, gibt es doch genügend Schnecken und Würmer zu vertilgen. Da wünscht sich der eine oder andere Hobbygärtner auch solch fleißige Helferlein im eigenen Garten. Die Enten, welche zwischenzeitlich im Gänsemarsch den kleinen Teich erreicht und für einen Badeausflug gekapert haben, sind dabei mehr als nur gern gesehene Bewohner der Staudengärtnerei Gaißmayer. Sie sind ein Teil des ökologischen Anbaukonzeptes, welches seit fast 40 Jahren seine Anwendung in einer nachhaltigen Anzucht und Kultivierung findet. Wer jetzt denkt, er finde wie in den Gartenmärkten eine immer blühende, in den Gewächshäusern zuvor hochgezüchtete Blütenpracht vor, der irrt. In der Gärtnerei am Ortsrand von Illertissen sieht man, dass Wert auf die Pflege der Böden, eine nachhaltige Wertschöpfungskette und ein natürliches Gartenambiente unter jahreszeitlichen Gesichtspunkten gelegt wird. So bietet sich dem Kunden nicht nur ein authentisches Einkaufserlebnis, der Spaziergang durch die Gärtnerei ist jedes Mal auch eine Inspirationsquelle für die Gestaltung des eigenen Gartens. Im Schaugarten verbinden sich so Stauden, Kräuter und Gartenkunst aus Holz und Metall mit dem ästhetischen Konzept und der Lebensweise der Vergänglichkeit und Schönheit, die in Japan unter dem Namen Wabi-Sabi bekannt ist. Diese besagt, dass die Schönheit in allen Dingen zu finden ist und ehrt vor allem Altes, Verwittertes und Unvollkommenes. Auch Pflanzen unterliegen als natürliches Produkt einer gewissen Vergänglichkeit und müssen daher nicht immer perfekt sein, um ihre wahre Schönheit zu entfalten. Dieser Aspekt gilt jedoch ausdrücklich nicht für den Service und die exzellente Verkaufsberatung sowie die Motivation, als Ausbildungsbetrieb altes Wissen zu erhalten, weiterzugeben und zu vermehren. Denn wie heißt es so schön in einem alten Sprichwort: „Der Garten ist die Seele des Menschen."

TIPP Ein Besuch des Gartenflohmarkts Kraut und Krempel ist der perfekte Start in die Gartensaison.

● Staudengärtnerei Gaißmayer, Jungviehweide 3, 89257 Illertissen, Tel. (0 73 03) 72 58
www.gaissmayer.de

Wald & Streuobstwiesen

46 Ein Spaziergang im Örlinger Tal

Wandert man heute durch das Naherholungsgebiet Örlinger Tal, begegnen einem am Wegesrand noch zahlreiche Becken und bewachsene Vertiefungen, die auch ein Teil der Ulmer Geschichte sind. Im beschaulichen Tal wurde nämlich in zahlreichen Gruben und Steinbrüchen der Kalkstein für den Bau des Ulmer Münsters und später für die Bundesfestung abgebaut. Das Tal verbindet die Ulmer Oststadt mit dem Stadtteil Böfingen und ist nicht nur ein schöner Ort, um mit den Hunden des Ulmer Tierheims Gassi zu gehen. Hier dominieren noch Schrebergärten und Obstbäume die Landschaft. Und mit dem verwunschenen Schwedenturm in der Nähe der Eisenbahnunterführung ist auch ein weiteres Werk der Ulmer Bundesfestung vorzufinden. Folgt man vor der Unterführung ein Stück der Nordroute des Höhenweges und zweigt dann auf die Verbindung zur Südroute ab, erreicht man zudem einen schönen Aussichtpunkt mit einer Bank zum Rasten.

Vielen sind das historische Gebäude sowie das Tal nur aus dem Zugfenster heraus bekannt, verlaufen doch die Gleise der Bahnlinie in Richtung Stuttgart in Teilen parallel zum Spazierweg, der entlang von Wäldern und durch Streuobstwiesen am Örlinger Hof vorbeiführt. Vor allem im Sommer, wenn die Sonne vom Himmel brennt, spendet das dichte Grün des Mischwaldes kühlen Schatten. Über das Tal findet auch eine natürliche Belüftung des Stadtgebietes statt, was einerseits übermäßigen Smog verhindert und andererseits dieses Gebiet von der immer stärkeren Nachverdichtung ausnimmt.

Hier am Rande der Stadt wird der Autolärm der Bundesstraße mehr und mehr vom Grün verschluckt, und letztendlich hört man nur noch das Wiehern der Pferde und Blöken der Schafe. Dank der natürlichen Begrenzung des Tals sind hier die Islandpferde der Reitergemeinschaft Örlinger Hof e.V. anzutreffen und die eine oder andere Schafherde, deren wollige Herdenmitglieder mit vollem Körpereinsatz versuchen, die tiefhängenden Äpfel von den Bäumen zu fressen.

TIPP Das Ulmer Tierheim freut sich immer über tierliebe Menschen, die die Hunde ausführen.

⊙ **Örlinger-Tal-Weg, 89081 Ulm**
⊙ **ÖPNV: Bus 4, Haltestelle Örlinger Straße**

Mitmachen erwünscht

 47 *Das Edwin Scharff Kunst- und Kindermuseum*

In zentraler Lage direkt am Petrusplatz befindet sich Raum für Kunstinteressierte, aber auch für Kinder und Junggebliebene. Wie so oft passen hier nämlich Dinge, die im ersten Moment nicht wirklich zusammengehören, bei näherer Betrachtung wie der sprichwörtliche Deckel auf den Topf.

So bietet das Edwin Scharff Kunst- und Kindermuseum ein Podium für moderne und zeitgenössische Kunst sowie eine experimentelle Entdeckungsreise, die zum Fragen, Nachdenken und Forschen einlädt. Ein Stück weit knüpft das Kindermuseum somit auch an den ungebremsten Gestaltungshunger des namensgebenden Neu-Ulmer Bildhauers an, welcher sich seine künstlerischen Fähigkeiten autodidaktisch aneignete und darüber hinaus mit verschiedenen Kunststilen experimentierte.

Im Kindermuseum werden nicht nur die kleinen Besucher zur Kreativität ermuntert, sondern es findet im Rahmen der jährlich wechselnden Ausstellungen auch eine umfassende Auseinandersetzung mit alltäglichen Themen wie der Familie, der Globalisierung oder den Sinnesorganen

TIPP Im Eiscafé da Venezia gibt es neben leckerem Eis auch eine sensationell gute Trinkschokolade.

statt. Darüber hinaus werden schwierige Themen wie Tod und Trauer, denen innerhalb der Familie oftmals wenig Raum geschenkt wird, ernsthaft und kindgerecht bearbeitet.

Durch die räumliche Verschmelzung der Ausstellungsinhalte entstehen Synergien, die es letztendlich auch ermöglichen, die Grenzen der traditionellen Museumspädagogik zu überschreiten und den kleinen und großen Besuchern ganz neue Perspektiven aufzuzeigen. Denn ist Kunst nicht auch nur eine abstrakte Projektion des Alltags und ein Prozess des Erkennens und Verstehens?

Letztendlich spielt es aber keine Rolle, ob man fünf oder 50 Jahre alt, ob man mit eigenen oder den Kindern von Freunden unterwegs ist oder die Enkel im Schlepptau hat, denn im ganzen Museum sind Mitmachen, Staunen und Entdecken ausdrücklich erwünscht.

○ Edwin Scharff Kunst- und Kindermuseum, Petrusplatz 4, 89231 Neu-Ulm, Tel. (07 31) 70 50 25 20
www.edwinscharffmuseum.de
○ ÖPNV: Diverse Busse, Haltestelle Petrusplatz

Ulms Stonehenge

 48 *Steinkreis vor den Toren von Ulm*

Was haben Ulm und Amesbury gemeinsam? Vor den Toren beider Städte befindet sich ein vielleicht mystischer Ort, wobei letztere wohl kein wirklicher Geheimtipp mehr ist, besuchen doch jährlich mehr als eine Million Menschen den Steinkreis von Stonehenge.

Etwas beschaulicher geht es da beim kleinen Bruder des sagenumworbenen Steinkreises von Stonehenge im Ulmer Ortsteil Ermingen schon zu und wenn man auf andere Besucher trifft, sind das meist Wanderer die, wie man selbst, die fantastische Aussicht über die Felder und bei Föhn bis hin zu den Bergketten der Alpen genießen wollen.

Das Mini-Stonehenge mit seinem markanten Tor auf dem Sonnenwendplatz oberhalb des Ortes liegt etwas versteckt im Gebüsch und besteht aus zwölf steinernen Stelen, die in einem Radius von zwölf Metern aufgestellt wurden. Das Tor, durch das dann an der Sommer- und Wintersonnenwende jeweils zum Sonnenaufgang die Sonnenstrahlen hindurchscheinen, ist dabei die Größte der Steinstehlen. Dabei handelt es sich nicht wie bei seinem englischen Bruder um eine prähistorische Kultstätte oder die Einfassung eines Grabhügels, sondern um eine Installation, die Forscher der Universität Ulm errichtet haben.

TIPP Am ersten Fastensonntag findet hier das Funkenfeuer statt.

Die Steinformation ist daher nicht annähernd so alt wie manch anderer historischer Steinkreis, aber auch hier liegen die genauen Beweggründe für die Errichtung wie so oft im Ungewissen. Aber es muss ja nicht immer einen Grund für etwas geben und vielleicht hatten das Forscherteam bei der Errichtung und dem Ausfindigmachen des passenden Ortes hier im Ulmer Oberland einfach nur ihren Entdeckertrieb ausgelebt und ihren Spaß gehabt.

Das Vergnügen soll ja auch heute nicht zu kurz kommen, und so lässt sich der Besuch des Steinkreises wunderbar mit einer entspannten Wanderung durch das nahegelegene Butzental und der Einkehr in der gleichnamigen Gaststätte verbinden. Das Wirtshaus im Butzental ist nämlich mit seiner wunderbaren Sonnenterrasse seit Jahren eine echte Institution im Großraum Ulm.

◗ **Sonnenwendplatz Ermingen, 89081 Ulm (OT Ermingen)**
◗ **ÖPNV: Bus 11, Haltestelle Panoramastraße**

Manege frei!

49 *Musikfestival Ulmer Zelt*

Wenn die Luft in der Friedrichsau von Musik erfüllt ist und am Rande des Volksfestplatzes im Schatten des großen rot-blauen Zirkuszeltes eine ganze Flotte von Drahteseln vorzufinden ist, dann hat das Ulmer Zelt wieder seine Manege eröffnet. Alljährlich stehen von Mai bis Juli alle Zeichen auf Musik und Kultur. Das ehrenamtlich organisierte Ulmer Zelt ist seit Mitte der 80er-Jahre eine Institution in der Region und bietet neben internationalen und nationalen Musik Acts auch ein abwechslungsreiches Rahmenprogramm mit Flohmarkt, Kinderprogramm, Jazzfrühschoppen sowie Tanz und Varieté in der Zeltlounge.

So gehört für viele in den Sommermonaten ein Ausflug in die Au, wie die Ulmer ihren Stadtpark liebevoll nennen, auch ohne ein Konzertticket einfach dazu. Im Biergarten am Zelt kann man nämlich nicht nur entspannt ein Gläschen Wein trinken und sich zusammen mit Freunden auf das Wochenende einstimmen, sondern auch bei einem vielfältigen kulinarischen Angebot ein leckeres Abendessen im Schein der erleuchteten Zeltlandschaft genießen. Lokale Gastronomen bieten nicht nur die

TIPP   Der Zeltflohmarkt gehört mitunter zu den beliebtesten nicht kommerziellen Flohmärkten in Ulm.

obligatorische Rote, sondern wechselnde Speisen, teils mit internationalem Flair, an. Es können daher zum kühlen Getränk wahlweise Flammkuchen, Falafel, Lángos oder asiatische Nudeln verspeist werden. Die friedliche Atmosphäre zwischen Donau und Ausee ist in einer lauen Sommernacht schlichtweg wunderbar und gewissermaßen unbezahlbar.

Das Musikprogramm des Ulmer Zelts ist dabei genauso bunt wie die vielen Besucher des Festivals. Von Punkrock und Pop über Indie, Blues, Folk bis hin zu A-Capella ist für jeden etwas dabei, und manche der Konzerte sind zum Bedauern der Fans bereits nach kürzester Zeit ausverkauft. Auch die Bandbreite der Künstler reicht von „Alte-Säcke-Rockbands" bis hin zu unbekannten Nachwuchsmusikern, denen am Donauufer eine Bühne bzw. die Manege geboten wird. Und sollte man mal seinen Lieblingskünstler verpasst haben, gilt immer noch: Nach dem Zelt ist vor dem Zelt.

Ulmer Zelt, Friedrichsau, 89073 Ulm
www.ulmerzelt.de
ÖPNV: Straßenbahn 1, Haltestelle Messe

Im Schatten der Stadtmauer

50 *Entspannte Stunden auf der Donauwiese*

Böse Zungen behaupten ja, das Schönste an Neu-Ulm sei die Sicht auf Ulm. Das ist natürlich Humbug, auch wenn sich einem dieser Gedanke beim Blick auf die Donauwiese, die imposante Stadtmauer und die Fachwerkhäuser des Fischerviertels aufdrängt. Ohne Frage ist daher auch der Schnappschuss von der bayerischen Donauseite eine stimmungsvolle Erinnerung. Die im Jahr 1480 erbaute Stadtmauer, welche heute als Panoramaweg dient und die Altstadt mit der Friedrichsau verbindet, wurde damals inmitten der Fluten der Donau errichtet. Sitzt man heute auf einer der knallroten Parkbänke oder am Wasser auf den Donaustufen und lässt seinen Blick schweifen, fällt einem unweigerlich der etwas schief geratene Wehrturm unweit der Stadtmauer ins Auge. Der sogenannte Metzgerturm war nicht immer so schief, sondern schuld daran waren die dicken und unehrlichen Ulmer Metzgermeister. Diese wurden der Legende nach, wenn die Würste zu klein, aber der Preis zu hoch war, im Turm eingesperrt. Wegen der drohenden Todesstrafe sprangen sie angstvoll in die nordwestliche Turmecke und verursachten so die Schieflage.

TIPP Einen Perspektivwechsel bietet eine Donau-Rundfahrt mit dem Ulmer Spatz oder der Solarbootfähre.

Wie alle Geschichten hat auch diese einen wahren Kern, denn unweit des Torturmes befand sich das Ulmer Schlachthaus. Das kleine Denkmal auf dem nahen Saumarkt zeigt, dass Fleisch- und Wurstwaren heute noch ein wichtiger Bestandteil der schwäbischen Kulinarik sind.

Um jedoch die Zillen in der Blau zu entdecken, muss man schon ein wenig genauer hinschauen. Das kleine Flüsschen fließt durch die Donauwiese hindurch direkt in die Donau, und wer den Blick von einem der Brückchen hinab ins seichte Wasser richtet, findet dort vertäut ein paar der flachbodigen Fischerboote, welche vormals von den Donaufischern genutzt wurden. Heute sind die Boote vor allem beim Fischerstechen im Einsatz. Diese Tradition wird in Ulm alle vier Jahre gefeiert. Dann wird die Donauwiese zum zentralen Veranstaltungsort für Zuschauer aus aller Welt, die dem mehrstündigen Spektakel in den Fluten der Donau beiwohnen.

- ● Donauwiese, Unter der Metzig 12, 89073 Ulm
- ● ÖPNV: Diverse Busse, Haltestelle Rathaus Ulm

Design Made in Ulm

51 *Besuch im HfG-Archiv*

Lässt man seinen letzten Urlaub mit dem Flieger oder den Fernsehabend mit der Sportschau Revue passieren oder denkt an die Mittagspause in der Kantine zurück, scheint Ulm allgegenwärtig, mancherorts sogar omnipräsent zu sein. Denn eine Berührung mit Gegenständen aller Art, die ihren schöpferischen Ursprung in der Hochschule für Gestaltung (HfG) haben, ist im Alltag fast schon unumgänglich, auch wenn es uns oftmals nicht bewusst ist.

In der damals international wenig bekannten Stadt am Donauufer hatte die HfG mit ihrer Gründung in den frühen 50er-Jahren das Bauhaus Dessau und dessen Ideen beerbt. Dabei stand die klare und auch funktionale Gestaltung von alltäglichen Dingen im Fokus, und Begriffe wie Industriedesign und Produktgestaltung wurden maßgeblich geprägt. Heute spricht man in diesem Zusammenhang oftmals einfach von Design, und so sind zeitlose Multifunktionsmöbelstücke wie der Ulmer Hocker noch nach über 60 Jahren aktuell und werden wahrscheinlich auch die nächsten 60 Jahre nicht aus der Mode kommen.

TIPP Im HfG-Archiv gibt es neben der Dauerausstellung auch Sonderausstellungen und regelmäßig öffentliche Führungen.

Die Wurzeln der heute so bunten und fröhlichen Studentenstadt mit der höchsten Kneipendichte Deutschlands liegen also oben auf dem Kuhberg. Hier wollten die drei HfG-Gründer, die teils mit der Widerstandsgruppe gegen den NS-Terror, der Weißen Rose, eng verbunden waren, neu beginnen – in einer modernen und freien Bundesrepublik Deutschland.

Auch wenn die HfG zwischenzeitlich ihre Pforten geschlossen hat, hält doch der Pioniergeist, ähnlich wie beim Bauhaus, bis heute an.

Um an dieser Stelle nochmals auf die einleitenden Sätze zurückzukommen: Otl Aicher, einer der drei Gründer, entwarf neben dem Corporate Design der Deutschen Lufthansa auch die Sportarten-Piktogramme für die Olympischen Spiele. Und aus den Tassen des Stapelgeschirrs TC 100 hat wohl schon jeder in der Kantine halbschlafend seinen ersten morgendlichen Kaffee getrunken.

● HfG-Archiv, Am Hochsträß 8, 89081 Ulm, Tel. (07 31) 1 61 43 70
www.hfg-archiv.museumulm.de
● ÖPNV: Bus 8, 14, Haltestelle Oberer Kuhberg

Besinnliche Vorweihnachtszeit

 52 Besuch des Weihnachtsmarktes

Wenn man heute über den Weihnachtsmarkt schlendert, kann man sich kaum vorstellen, dass hier bis in die 1980er-Jahre hinein ein großer Parkplatz für die Stadtbesucher ausgeschildert war und damals lediglich ein einwöchiger Wintermarkt mit ein paar Buden stattfand. Heute gehört der Weihnachtsmarkt unter dem höchsten Kirchturm der Welt zu den schönsten Deutschlands. Das Münster ist allgegenwärtig, und wenn das allabendliche Platzkonzert im Kirchenportal in vollem Gange ist und man die festlichen Klänge in den Gassen des Weihnachtsmarktes hört, ist schon Anfang Dezember der Heiligabend ganz nahe. Viele der Ulmer Gastronomen haben auf dem Weihnachtsmarkt einen Stand, und so gibt es allerlei salzige, süße und natürlich regionale Spezialitäten; von Orangenglühwein bis hin zu handgemachten Hanf-Lebkuchen, der legendären Feuerwurst oder dem super leckeren Ulmer Wecken.

Eine Besonderheit ist der Stand der Münsterbauhütte nahe dem Kirchenportal. Dort werden neben historischen Modellen für Springerle und kleinen Schmuckstücken auch gegossene Figuren und Schmuckelemente,

TIPP Der leckere Original Glühwein von Fahrenkamp wärmt nicht nur die Hände an kalten Winterabenden.

welche den Verzierungen und Wasserspeiern am Münster nachempfunden sind, zum Verkauf angeboten. Der Verkaufserlös kommt natürlich der Restauration des Münsters zugute. Eine weitere Attraktion für Jung und Alt ist die Schau-Glasbläserhütte in der Nähe des Stadthauses, die jeden Tag gläserne Kunstwerke wie den Ulmer Spatz anfertigt.

Für die kleinen Besucher liegt etwas abseits – auf dem Münsterplätzle (Eingang Kramgasse am östlichen Münsterplatz) – der etwas ruhigere Teil des Marktes mit einem Märchenwald und einer Schmalspurbahn. Natürlich dürfen der obligatorische Besuch der lebendigen Krippe im Zentrum des Weihnachtsmarktes sowie der Steiff®-Adventshütte nicht fehlen. Und lässt man am Abend den Blick über all die Köpfe und Mützen hinweg hinauf zum beleuchteten Münsterturm und den riesigen Weihnachtsbaum schweifen, dessen Lichterglanz sich über Schaf und Esel in der lebendigen Krippe ergießt, wird einem ganz seelenvoll ums Herz.

🔴 **Weihnachtsmarkt, Münsterplatz, 89073 Ulm**
🔴 **ÖPNV: Diverse Busse, Haltestelle Rathaus Ulm**

Gäste aus Südamerika

53 *Die Alpakas auf dem Lindenhof*

Dutzende große, aufgeweckte Augen taxieren mich interessiert, um im Anschluss meine Kamera und den Ärmel der Jacke zu beschnuppern. Was jetzt im Kopf der Alpakas vorgehen mag, ist nicht genau auszumachen. Wenn ihnen aber ein charakteristisches Merkmal zuzuordnen ist, dann ist das ganz eindeutig eine unglaubliche Flauschigkeit, gepaart mit einer fast schon an Tollkühnheit grenzenden Neugierde.

Diese lässt sich wunderbar, und zur Freude der Radfahrer und Spaziergänger, auf den weitläufigen Weideflächen rund um den Lindenhof erleben. Dieser ist nämlich seit dem Jahr 2009 die Heimat einer großen Herde von über 150 Tieren. Alpakas stammen ursprünglich aus Südamerika, genauer aus der Andenregion, und werden dort seit etwa 5000 Jahren zur Woll- und Fleischgewinnung gehalten. Auch wenn die Alpakas immer öfter in unseren Gefilden anzutreffen sind, wird in Europa vornehmlich das „Vlies der Götter" wegen seiner hypoallergenen Eigenschaften geschätzt. Zusammen mit dem Überbiss, der individuell charakterisierenden „Frisur" und den X-Beinen mag das dem Betrachter einen etwas naiven Eindruck vermitteln, was aber so nicht ganz der Wahrheit entspricht, da die Tiere sich außerordentlich gut an extreme äußere Gegebenheiten anpassen können und einen ausgeklügelten Biorhythmus haben.

TIPP Der nahegelegene Baggersee lädt vor allem in den Sommermonaten zu einem Sprung ins kühle Nass.

Wer die Alpakas auf dem Lindenhof hautnah erleben und auch etwas mehr über das Leben der südamerikanischen Einwanderer erfahren möchte, ist auf dem Hoffest oder der alljährlich Anfang Dezember stattfindenden Hofweihnacht herzlich willkommen. Dabei kann man bei einer Stallführung den ruhigen Zeitgenossen, die eine unglaubliche Ausgeglichenheit und Gelassenheit ausstrahlen, etwas näherkommen als am Weidezaun. Was früher nur den Königen und Kaisern vorbehalten war, kann heute ganzjährig im Hofladen Alpaca-Casa erworben werden. Dazu zählt neben zugekauften Produkten auch die Wolle der Ludwigsfelder Alpakas, von der man so ein kleines superflauschiges Stück mit nach Hause nehmen und sein Eigen nennen kann.

⊙ Lindenhof Alpaka, Alte Römerstraße 66, 89231 Neu-Ulm, Tel. (01 71) 1 73 29 68
www.lindenhof-alpaka.de
⊙ ÖPNV: Bus 5, Haltestelle Hafnerweg (OT Ludwigsfeld)

Historische Graffiti

54 *Ulms gotisches Rathaus*

Das wohl auffälligste Haus in der Innenstadt ist gleichzeitig die Schaltzentrale für alle städtischen Belange und für viele Ulmer Bürger der erste Anlaufpunkt, wenn es um Offizielles aller Art geht. So sind schon viele Paare die Brauttreppe, wie die überdachte Freitreppe des Rathauses auch genannt wird, als glückliche Eheleute hinabgeschritten und wurden unten von Freunden und Bekannten strahlend in Empfang genommen und auch von dem einen oder anderen sich mitfreuenden Passanten mit Glückwünschen bedacht.

Das gotische Rathaus ist aber auch ohne einen anstehenden Behördengang eine Augenweide, gehört es doch zu den Gebäuden, die sich einem schon nach wenigen Wimpernschlägen ins Gedächtnis einprägen. Dabei zeigen die kunstvollen Gemälde, welche die komplette Fassade zieren, einerseits biblische und andererseits weltliche Motive wie die Wappen von Städten und Ländern, mit denen Ulm in einer Handelsbeziehung stand. Aber auch die historischen Donauschiffe, die Ulmer Schachteln, wurden verewigt, waren sie doch damals das wichtigste Transportmittel und somit einer der Erfolgsfaktoren für den enormen Reichtum der freien Reichsstadt.

TIPP Im Rathaus kann der Nachbau des innovativen Fluggerätes des Schneiders von Ulm bestaunt werden.

Inmitten der besonders reich verzierten Ostseite, die mit dem Kaiserfenster und der Verkündigungskanzel beinahe schon überladen wirkt, geht die astronomische Uhr fast komplett im bunten Geschehen unter. Würden die goldenen Zeiger und Ziffern bei Sonnenschein nicht so schön um die Wette funkeln, könnte man die im 16. Jahrhundert zur Überprüfung der mechanischen Uhren verwendete Uhr, die neben den Tagesstunden auch die Monate und Tierkreiszeichen anzeigt, glatt übersehen. Zum Glück setzten sich Anfang des 20. Jahrhunderts die Überlegungen, das damals teils verfallene Rathaus abzureißen und an anderer Stelle als Neubau zu etablieren, nicht durch. So wäre nämlich eines der schönsten Baudenkmäler und zugleich auch das neben dem Münster einprägsamste Gebäude der Stadt nicht mehr zu bewundern gewesen.

🔵 **Rathaus Ulm, Marktplatz 1, 89073 Ulm**
🔵 **ÖPNV: Diverse Busse, Haltestelle Rathaus Ulm**

Einblicke mit Ausblick

 55 *Unterwegs auf dem Hochsträß*

Bunt flattern die Drachen im Wind und zerren energisch an den dünnen, fast unsichtbaren Schnüren, als wollten sie nicht nur hinauf in den blauen Ulmer Himmel steigen, sondern von dort weiter in ferne unentdeckte Gefilde. Jetzt sind manche nur noch als kleine Farbpunkte am Horizont auszumachen. Andere wiederum sausen mit lautem Getöse in Richtung Wiese und werden gerade noch rechtzeitig von ihren Lenkern vor dem Zusammenstoß mit ein paar Spaziergängern bewahrt. Diese genießen die Wärme der letzten sommerlichen Strahlen und natürlich den fantastischen Ausblick auf Ulm, die umliegenden Hügel und auf das Donautal, in dessen Hintergrund bereits die Bergketten des Voralpenlandes auszumachen sind. Auf dem Ulmer Hochsträß kreuzen sich nicht nur die Wege der Jakobspilger, Radfahrer, Spaziergänger und Drachenflieger. Hier befinden sich Seite an Seite zwei Bauwerke, die einerseits in ihrer Ausprägung und ihrem Nutzen nicht gegensätzlicher sein könnten, andererseits aber auch ach so typisch Ulm sind. Die Rede ist einmal von der Hochschule für Gestaltung (HfG), die in der Nachkriegszeit das Bauhaus Dessau und dessen Ideen beerbte und Begriffe wie Industriedesign und Produktgestaltung maßgeblich prägte.

TIPP *In den Wintermonaten kann man hier auch wunderbar langlaufen oder mit dem Schlitten fahren.*

Im architektonischen Gegensatz zu den modernen Gebäuden der HfG steht das massige Gemäuer des Fort Oberer Kuhberg. Dieser Teil von Deutschlands größtem Festungsensemble beherbergt ein Freilichtmuseum sowie das Dokumentationszentrum Oberer Kuhberg (DZOK). Ersteres veranschaulicht den einzigartigen Aufbau der Festung sowie ihre Funktion im historischen Kontext. Das DZOK beleuchtet hingegen ein dunkles Kapitel der Ulmer Geschichte, in dem in den frühen 30er-Jahren im Württembergischen Schutzhaftlager Ulm/Donau politische Gegner inhaftiert wurden. Genau dieses Spannungsfeld zwischen Natur und Architektur, Internationalität und Nationalismus, Freiheit und Unterdrückung, Beständigkeit und Innovation macht den Hochsträß zu einem einzigartigen Lernort in Ulm, um Ulm und um Ulm herum.

● **Fort Oberer Kuhberg und HfG-Archiv, Am Hochsträß, 89081 Ulm**
● **ÖPNV: Bus 8, 14, Haltestelle Oberer Kuhberg**

Donau-Lounge

56 *Tolle Aussicht im Café & Restaurant Josi*

Die Sonne spiegelt sich im Wasser der ruhig dahinfließenden Donau. Dahinter erhebt sich der mächtige Münsterturm in den blauen Himmel, und vor mir auf dem Terrassentisch steht ein leckerer Schokoladenkuchen mit flüssigem Kern sowie eine duftende Tasse Kaffee. Vor solch einer Kulisse könnten die Aussichten nicht besser sein.

Das loungige Café & Restaurant Josi ist aber nicht nur bekannt für seine süßen Leckereien, zu denen natürlich auch eine große Auswahl an verschiedenen Kuchen und Torten gehört. Auch Herzhaftes wie Burger, Flammkuchen oder Hotdogs stehen bei den Kunden hoch im Kurs. Letzteres findet man ansonsten nämlich nirgends in Ulm und um Ulm herum, und so lockt die amerikanische Wurst viele Liebhaber an das Neu-Ulmer Donauufer. Im Josi, dessen Name sich aus den Vornamen der Inhaber zusammensetzt, wird neben einer lockeren und freundlichen Atmosphäre auch auf Lebensmittel von regionalen Lieferanten Wert gelegt. So gibt es neben der regulären Speisekarte eine wechselnde und teils auch saisonale Tageskarte, die das Speisenangebot um leckere Steaks, zarten Fisch oder nahrhafte Suppen ergänzt.

TIPP Am Sonntag lockt das Frühstücksbuffet auf der Stadtmauer mit leckerem Essen und einem tollen Ausblick.

Dabei wird in den Sommermonaten das Restaurant kurzerhand zum Freiluftlokal umfunktioniert, lässt sich doch die komplette, zur Flussseite gewandte Fensterfront öffnen. Dem Blick auf den Münsterturm und den hellen Zwiebelturm der Dreifaltigkeitskirche am Donauufer gegenüber stehen dann nicht mal mehr die gläsernen Fensterscheiben im Weg.

Im lichtdurchfluteten, stimmig und modern eingerichteten Gastraum fühlt man sich auf einem der gemütlichen Sofas sitzend fast wie daheim. Die Sitzmöglichkeiten sind vor allem in den Abendstunden, bei einem leckeren Cocktail oder einer Limonade, wahlweise auch mit Schuss, ein schöner und unaufgeregter Platz, um den vergangenen Tag ausklingen zu lassen. Man befindet sich zwar einerseits abseits des Trubels, andererseits jedoch trotzdem im Geschehen, sprich nur einen Steinwurf von der nächtlich erleuchteten Alt- und Innenstadt entfernt.

● Josi Cafe & Food by Meinl, Insel 2, 89231 Neu-Ulm, Tel. (07 31) 92 15 77 22
www.josi.bayern
● ÖPNV: Diverse Busse, Haltestelle Petrusplatz

Natur & Gesang

57 *Ein Stadtteilspaziergang in Söflingen*

Ruhig plätschert das Flüsschen Blau unter der Fußgängerbrücke hindurch, und die Enten stolzieren, aufgescheucht von ein paar Kindern, aufgeregt von der Freizeitwiese in Richtung des kühlen Nass, in dem bereits ein paar Spaziergänger ihre Füße abkühlen.

Trotz seiner Nähe zur Stadtmitte ist Söflingen einer der Ulmer Stadtteile, die sich, nicht zuletzt wegen des historischen Klosterhofs, ein gewisses Maß an Unabhängigkeit bewahrt haben und deren Bewohner ohne Frage stolz darauf sind, Sevelinger zu sein. Söflingens Eigenständigkeit wurde nämlich erst relativ spät, sprich zu Beginn des 20. Jahrhunderts, durch die Eingemeindung ein jähes Ende gesetzt.

Heute befindet sich dort, wo die Straßenbahnlinie 1 in einer charakteristischen Schleife endet, das beschauliche Zentrum des Stadtteils mit vielen Restaurants und einer urigen Brauerei, die mit ihrem Biergarten vor allem in den Sommermonaten zu einem zwanglosen Abend in historischer Kulisse einlädt. Vom ehemaligen Reichsstift Söflingen, dessen beide Torhäuser noch heute den Klosterhof zum Zentrum hin abgrenzen,

TIPP Der Brunnen am Gemeindeplatz verwandelt sich im Frühjahr zu einem farbenfrohen Osterbrunnen.

sind über die Jahrhunderte hinweg leider nur ein paar Wirtschaftsgebäude, die Klostermühle und die Stadtkirche Mariä Himmelfahrt übriggeblieben. Dem aufmerksamen Besucher mag dabei nicht entgangen sein, dass dieses Nonnenkloster der Klarissen sowie der Sängerbarde Meinloh von Sevelingen dominierende Namensgeber im Stadtteil sind. Der schwäbische Minnesänger wurde in Söflingen geboren und gilt als bedeutender Dichter der Frühphase der mittelalterlichen Minnelyrik.

Lässt man daher, vielleicht mit einem Liedchen auf den Lippen, den Klosterhof hinter sich und folgt dem schönen Spazierweg entlang des Flüsschens, erinnert in Anbetracht der Schrebergärten und Wiesen fast nichts mehr an die engen hohen Häuserschluchten, die den quirligen Stadtteil zur Ulmer Innenstadt hin begrenzen und im krassen Gegensatz zum naturbelassenen und lieblichen Areal am Flussufer stehen. Stattdessen laden sie den Besucher ein, allen Trubel der Welt hinter sich zu lassen.

> **Söflinger Klosterhof, Klosterhof 46, 89077 Ulm**
> **ÖPNV: Straßenbahn 1, Haltestelle Söflingen**

Freie Sicht

58 *Auf dem Pfuhler Kapellenberg*

Ob man den Kapellenberg im Neu-Ulmer Ortsteil Pfuhl als echten Berg bezeichnen kann, bleibt mal dahingestellt. Fährt man am Feierabend mit dem Rad hinauf, muss man dennoch ein paar Gänge runterschalten und ein wenig fester in die Pedale treten. Und auch als Eltern kann man ein Liedchen davon singen, wenn der Schnee in der Sonne glitzert und funkelt und man den Schlitten bereits viele Male den Berg hinaufgezogen hat.

Aber richtiger Berg hin oder her, der Kapellenberg ist nicht nur die höchste Erhebung in der Donauniederung rund um Neu-Ulm, sondern auch zu jeder Jahreszeit ein entspannter Ort für einen unkomplizierten Ausflug ins Grüne in der unmittelbaren Umgebung der Neu-Ulmer Innenstadt.

Im Frühjahr, sprich am Funkensonntag, dem ersten Sonntag nach Aschermittwoch, ist der Kapellenberg zudem im Feuerschein des Funkenfeuers hell erleuchtet. Dabei handelt es sich um einen schwäbisch-alemannischen Brauch, um den Winter zu vertreiben. Ist das gelungen, kann in den Sommermonaten unter dem blauen Himmel und zwischen gelben Rapsfeldern und grünen Wiesen entschleunigt werden. Denn hier in der Natur beim Zwitschern der Vögel und Zirpen der Grashüpfer lässt sich neue Energie für den Alltag tanken. Am Fuß des Kapellenbergs befindet sich zudem mit der Eislounge eine der besten Eisdielen in der Umgebung. Hier gibt es neben leckeren saisonalen und ausgefalleneren Sorten wie Mohneis natürlich auch die beliebten Klassiker in der Waffel. Zu verfehlen ist die familiär geführte Eisdiele direkt an der Hauptstraße jedenfalls nicht. Der Gartenzaun ist meist vollgeparkt mit Fahrrädern, Rollern und Anhängern, und auf der kleinen Terrasse neben dem Haus ist es manchmal schwer, einen freien Tisch zu finden. In diesem Fall kann man wunderbar im Schatten der bereits im 17. Jahrhundert gepflanzten Friedenslinde auf der gegenüberliegenden Straßenseite verweilen und sein Eis schlecken.

⊙ Kapellenberg, Am Kapellenberg, 89233 Neu-Ulm (OT Pfuhl)
⊙ ÖPNV: Bus 85, 597, Haltestelle Kirchstraße

Mit allen Sinnen

59 *Der Duft- und Tastgarten*

Etwas unscheinbar zwischen den Bahngleisen und dem Fischerviertel erstreckt sich ein weiteres grünes Erholungsgebiet in der Ulmer Innenstadt. Nur einen Steinwurf vom Donauufer und der Altstadt entfernt findet man sich als Besucher des Duft- und Tastgartens mit einem vielleicht nicht ganz so verbreiteten Parkkonzept konfrontiert. Denn hier handelt es sich nicht um irgendeinen Park, sondern um ein ruhiges Plätzchen, das mit allen zur Verfügung stehenden Sinnen wahrgenommen werden muss. Der Spaziergang durch den Kobelgraben, der früher Teil der Stadtbefestigung war und jetzt den ältesten Duft- und Tastgarten Deutschlands beheimatet, ist nämlich nicht nur ein besonderes Erlebnis für sehbehinderte Menschen, sondern für jeden, der gerne in die Welt der Gerüche und Strukturen eintauchen möchte.

Für Menschen, denen alle Sinne zur Verfügung stehen, stellt sich hier sicherlich die Herausforderung, das Gesehene auszublenden und sich nur auf ihren Geruchs- und Tastsinn zu verlassen. Auch wenn es uns im Alltag manchmal nicht so bewusst ist, keine Sinneswahrnehmung beeinflusst unsere Gefühlswelt so unmittelbar wie das Riechen. Und nichts erzeugt mehr Emotionen bei uns als ein bestimmter Geruch.

TIPP Das Ulmer Münster lässt sich – mit Stadtmauer und Donau – besonders gut von der Eisenbahnbrücke fotografieren.

Die verschiedenartigen Stauden und Gehölze mit ihrer unterschiedlichen Blattoberflächenstruktur und Blütenform sollen in den Hochbeeten „begreifbar" und „erfahrbar" werden. Dabei wurde uns diese Möglichkeit der Sinneswahrnehmung bereits als Kind in Teilen aberzogen, gilt es doch für nicht Sehbehinderte als unschicklich oder auch unhygienisch, Dinge anzufassen. Diese Grenze sollte man bei einem Besuch mutig überschreiten. Dazu gehört auch, seine Hände in das kühle Nass des außergewöhnlichen Brunnens zu tauchen. Dieser ist mit seinen zehn Schalen, gefüllt mit pulsierendem Wasser, ohne Frage das besondere Schmuckstück der kleinen Parkanlage.

○ **Duft- und Tastgarten, Kobelgraben, 89073 Ulm**
○ **ÖPNV: Diverse Busse, Haltestelle ZOB (Bahnhof Ulm)**

Kleinkunst im Gewölbe

 Kneipenkultur in der Ludwigsvorfeste

Die meisten Besucher in Ulm, um Ulm und um Ulm herum verbinden mit der kleinen, versteckt liegenden Kneipe im Stadtteil Wileys eine üppige Tafelei mit deftigen und fleischlastigen Gerichten in mittelalterlichem Flair. Ohne Frage trägt dazu vor allem auch das rustikal anmutende Ambiente in den alten Gemäuern der Ludwigsvorfeste bei, welches namensgebend für das Gewölbe ist.

So kommen Liebhaber des mittelalterlichen Gelages bei den regelmäßig stattfindenden Tafeleien, aber auch beim alljährlichen Mittelalterfest voll und ganz auf ihre Kosten. Darüber hinaus hat sich in den letzten Jahren auch eine Bühne für internationale Kleinkunst verschiedener Genres, von Comedy, Folk bis Zauberei etabliert. In Anlehnung an die Straßenkunst ist es hier eine erfrischende Tradition, dass die Künstler ohne vorher ausgehandelte Gage auftreten und das Publikum bei freiem Eintritt selbst bestimmen kann, wie viel ihnen das Gehörte und Erlebte in Form eines Hutgeldes wert war. So findet sich beim Kleinkunstfestival ein buntes Völkchen im heimeligen Gastraum und dem ruhigen, von dicken Mauern umgebenen Biergarten ein. Hier im Fackelschein erwarten den Gast so ein paar beschwingte und unbeschwerte Stunden.

TIPP Neben den Kneipenabenden und der Kleinkunst ist das Gewölbe auch Kulisse für Fantasy- und Steampunk-Flohmärkte.

Viele Künstler treten schon das x-te Mal im ehemaligen Vorwerk 13 der Bundesfestung auf und kommen, wie auch die Gäste, gerne hierher zurück, um einen schönen, entspannten Abend zu verbringen. Bei den Kneipenabenden kann am Mittwoch und Donnerstag lokales Bier, schottischer Whiskey oder auch eine Flasche des legendären Club Mate genossen werden. Dazu gibt es neben leckerer schwäbischer Dinnete mit klassischem, vegetarischem oder saisonalem experimentellem Belag auch Schafskäse im Dinkelteigmantel oder Rippchen mit Kraut in ungezwungener, freundlicher und familiärer Atmosphäre.

○ Gewölbe, Wileystraße 21, 89231 Neu-Ulm
○ ÖPNV: Bus 5, Haltestelle Wiley Club

Traum vom Fliegen

61 *Der Flugsimulator Birdly®*

Wer wäre nicht gerne frei wie ein Vogel und würde unbeschwert durch die Lüfte schweben? Seit ein paar Jahren bietet sich den Besuchern mit dem Ganzkörper-Flugsimulator Birdly® die einmalige Gelegenheit, über die Dächer und durch die Gassen der ehemaligen freien Reichsstadt zu fliegen. Der Flugsimulator ist Teil der Kampagne „Ulm Stories – Geschichten einer Stadt" und steht mit seinem Leitgedanken, die Stadtgeschichte in das heutige Stadtgeschehen zu transportieren und dem Besucher einen spürbaren Eindruck des historischen Ulms zu vermitteln, ganz im Zeichen der heutigen multimedialen und interaktiven Ausstellungskultur in öffentlichen Museen.

Auf seinem Rundflug soll der Besucher selbst sehen und fühlen, wie die Stadt anno 1890 aussah, und voll und ganz in die damalige Welt mit ihrer Geräuschkulisse eintauchen können. Es ist also ein echtes Gänsehautgefühl, wenn sich das erste Mal die Wolken lichten und man den Turm des Ulmer Münsters und die nahe gelegene Donau sehen kann. Schon des Flugwindes wegen fühlt es sich ein wenig wie eine Achterbahnfahrt an, mit dem kleinen, aber feinen Unterschied, dass man selbst bestimmen kann, wohin man fliegt und was man erkunden möchte.

TIPP Die Scheren-Skulptur an der Adlerbastei erinnert an den Flugversuch des Schneiders von Ulm.

Der Hauptturm des Münsters befand sich damals gerade im Ausbau und auch die alte Ulmer Synagoge, welche leider während der Novemberpogrome 1938 zerstört wurde, ist im Gewirr der vielen kleinen Gassen zu erspähen. Auf der gegenüberliegenden Seite der Donau sind schon die ersten Häuser der ein paar Jahrzehnte zuvor gegründeten Stadt Neu-Ulm zu sehen.

Glücklicherweise ist die ganze Sache komplett ungefährlich für Leib und Leben, auch wenn man mal den einen oder anderen virtuellen Strohballen oder Ochsenkarren streift. Der Besucher muss also kein Risiko wie Albrecht Ludwig Berblinger anno 1811 eingehen, der als Flugpionier und wagemutiger „Schneider von Ulm" mit seinem neuartigen Hängegleiter von der Stadtmauer sprang und damit Geschichte schrieb.

▶ **Flugsimulator Birdly®, Münsterplatz 25, 89073 Ulm**
www.ulm.de/tourismus/ulm-stories
▶ **ÖPNV: Diverse Buslinien, Haltestelle Rathaus Ulm**

Wasser marsch

Badestellen entlang der Iller

Ein paar Enten setzen etwas überhastet zum Abflug an und durchbrechen die Stille mit ihrem Flügelschlag. Das Schlauchboot mit seinen lachenden Passagieren war ihnen dann doch nicht ganz so geheuer. Hier draußen, vor den Toren der Donaustädte Ulm und Neu-Ulm, lässt es sich bei Sonnenschein auf einem der Kiesstrände mit einem spannenden Buch entspannt in den Nachmittag hineinleben.

Neben einer vor allem im Frühjahr zur Schneeschmelze enormen Wasserfülle führt die Iller eine ganze Menge an Steinen und Geröll aus den Bergen mit sich. Diese sammeln sich zur Freude aller Hobbykapitäne, Sonnenanbeter und Steinesammler an besonders strömungsarmen und flachen Stellen zu natürlichen Badestellen entlang des Ufers.

Eine der logistisch am besten zu erreichende ist sicherlich die direkt an der Illerbrücke in Wiblingen. Denn hier hat man es als Schlauchboot-Kapitän nicht weit die Böschung hinunter und kann zusammen mit seiner Crew im Nu das Boot zu Wasser lassen und auf dem Fluss paddelnd einen lustigen Nachmittag erleben.

TIPP Unweit der Illerbrücke ist das Münster auch hier wieder ein tolles Fotomotiv.

Für diejenigen, die ihre Zeit ein wenig ruhiger und beschaulicher in der Natur verbringen wollen, gibt es eine zweite Badestelle unweit des Klosters. Die Badestelle ist von der Uferbewaldung umschlossen und liegt in der Nähe eines Pferdehofes. Die Iller hat, bis sie vor den Toren Ulms in die Donau fließt, bereits 147 Kilometer und somit einen langen Weg vom Allgäu nach Schwaben hinter sich.

Auch wenn die Iller hier nicht besonders tief ist, sollte man beim Baden die Kinder nicht aus den Augen lassen. Ein Sprung von den Brücken hinein ins kühle Nass ist ebenfalls nicht empfehlenswert. Die Badestellen sind allesamt unbewacht, und so sind ein verantwortungsvolles Miteinander sowie der respektvolle Umgang mit Abfällen unumgänglich. Denn auch die nachfolgenden Badegäste freuen sich über einen sauberen Illerstrand und ein paar glückliche Stunden in Form eines gelungenen Ausflugs.

○ **Illerbrücke, Ulmer Straße, 89079 Ulm**
○ **ÖPNV: Bus 4, Haltestelle Illerbrücke**

Ulms Altstadt-Perle

63 *Das historische Fischer- und Gerberviertel*

Auch wenn das Altstadtviertel zwischen Donau und Münster ohne Frage zu den bekanntesten und auch touristischsten Quartieren in der schönen Donaustadt gehört, gibt es hier mitten im Gewirr von schmalen Gassen und Fachwerkhäusern auch ruhige Ecken.

Betritt man das Fischerviertel durch einen der Torbögen der Stadtmauer, scheint es, als betrete man eine mittelalterliche Welt aus dem Modellbaukasten. Verstärkt wird das Gefühl sicherlich durch die angrenzende Stadtmauer, die an dieser Stelle die Altstadt von der Donauwiese und dem modernen Panorama auf der Neu-Ulmer Donauseite trennt.

Auf dem Fischerplätzle lässt sich im Halbschatten auf einer Bank, mit Blick auf das Schöne Haus mit seiner Fassadenmalerei sowie das Zunfthaus der Schiffleute, fantastisch ausspannen. Schlüpft man in die schmale Gasse neben dem Zunfthaus des Ulmer Schiffervereins, welcher auch das traditionelle Fischerstechen ausrichtet, kann man die Blau auf schmalen Wehren überqueren und hat einen schönen Blick auf die Häuslesbrücke, die älteste Brücke Ulms. Hier in den manchmal nur schulterschmalen Gässchen inmitten des historischen Fachwerks scheint es, als hätte man die Zeit zurückgedreht.

TIPP *Im Restaurant Tanivera kann man mit Blick auf die Blau sehr gute Pizza essen.*

Auch wenn viele Ulmer „nur" vom Fischerviertel sprechen, wurde dessen Gesicht doch auch von den markanten Häusern der Gerberzunft geprägt. Deren Mitglieder lebten und arbeiteten direkt an den beiden Blauarmen, die unweit der Stadtmauer auf der Donauwiese in selbige fließt. Dort, wo sich heute die hölzernen Terrassen von nicht ganz preiswerten Wohnungen, Ateliers und Geschäftsräumen befinden, wurden einst Rinderhäute gereinigt. Heute plätschert das Flüsschen, sehr zur Freude der Gäste der unzähligen Restaurants, wieder sauber und klar vor sich hin. Werden dann in lauen Sommernächten allabendlich die Lichterketten auf den Terrassen angeschaltet und die Fachwerkhäuser in gelbes Licht getaucht, gibt es in Ulm wohl keinen romantischeren Ort, um den Tag ausklingen zu lassen.

● Fischer- und Gerberviertel, 89073 Ulm
● ÖPNV: Diverse Busse, Haltestelle Steinerne Brücke

Der Dichter und seine Muse

64 *Kunstpfad der Universität Ulm*

Solide und energiegeladen stehen die beiden im kleinen Teich am nördlichen Eingang des Universitätsklinikums. Er, der Dichter, trägt seine Muse stolz und selbstbewusst auf Händen. Als Krawatte dient ihm dabei eine Schlange, und auch wenn sie keinen Apfel in der Hand hält, scheint es dem Dichter durchaus bewusst zu sein, wo das Ganze jenseits des Paradieses einmal enden würde.

Das Kunstwerk von Niki de Saint Phalle gehört sicherlich zu den prominenteren entlang des Kunstpfads der Universität Ulm. Hier, in akademischer Umgebung, erinnert die Künstlerin daran, dass nicht nur Intellekt, sondern auch Seele und Muse zur Wissenschaft und Forschung gehören.

Dabei ist Le Poète et sa Muse nur eines von über 50 Kunstwerken, welche ansonsten die eher funktionalen Gebäude der Universität schmücken. Der Kunstpfad besteht bereits seit Ende der 80er-Jahre und ist nicht nur für die Studenten und Mitarbeiter der Universität, sondern auch für die gehfähigen Patienten der angeschlossenen Kliniken und Rehaeinrichtungen eine willkommene Abwechslung.

Dabei gibt es neben den farbenfrohen Installationen, die um die Aufmerksamkeit des Betrachters zu buhlen scheinen, auch Skulpturen, die mit einer raffinierten Optik begeistern oder ganz unscheinbar sind und wie die Ulmer Spitze nur ein Teil der Wiese zu sein scheinen. Einige der Skulpturen entstanden dabei im Rahmen der Sculptura Ulm im Jahr 1990. Zum 100-jährigen Münsterjubiläum wurde ein Workshop auf dem Münsterplatz veranstaltet, dessen kreative Resultate heute unter anderem auf dem Gelände der Universität angeschaut werden können.

Diese abwechslungsreiche Auswahl an zeitgenössischen Werken verschiedener Kunstgenres und ihre teils sehr versteckten Installationsorte an Wänden oder in Lichthöfen auf dem weitläufigen und verwinkelten Universitätsgelände lassen dann auch den vielleicht ansonsten etwas öden sonntäglichen Spaziergang zu einer lockeren Schnitzeljagd werden.

· ·

Universität Ulm, Helmholtzstraße 16, 89081 Ulm
ÖPNV: Straßenbahn 2, Haltestelle Kliniken Wissenschaftsstadt

Schnitzelgenuss en gros

65 *Einkehr im Schatten in Söflingen*

Ich höre mit der ins Schloss fallenden Wohnungstür noch die letzten Satzfetzen meines Mannes, der sich jetzt schon riesig auf die Reste des Schnitzels freut und mir ins Gewissen redet, auf jeden Fall „das große mit Kässpätzle" zu bestellen, damit auch etwas für ihn übrigbleibt, denn Liebe geht ja bekanntlich auch durch den Magen.

Beim Besuch des urigen Wirtshauses Zum Schatten im Ulmer Stadtteil Söflingen ist es von Vorteil, besonders großen Hunger mitzubringen. Das große Schnitzel bedeckt nahezu den gesamten Teller, und mit knurrendem Magen hat noch keiner jemals die Gaststätte verlassen.

Sitzt man im mit dunklem Holz vertäfelten Gastraum, der mit seinen nostalgischen, butzengläsernen Fenstern wie aus dem vorigen Jahrhundert anmutet, in geselliger Runde beisammen, wird das Tischgespräch gerne durch das Servieren der goldgelb und super knusprig in der Pfanne herausgebackenen Schnitzel unterbrochen. Anfangs glaubt man, man würde die ganze Portion schaffen, was von der freundlichen Bedienung meist mit einem vielsagenden Lachen quittiert wird. Eines Besseren wird man belehrt, wenn man entdeckt, dass unter Salat und den hausgemachten Kässpätzle noch lange kein Ende in Sicht ist. Das Schöne dabei ist, dass man auch beim x-maligen Besuch immer wieder freudig von der Größe überrascht wird. Darüber hinaus gibt es im Gasthaus in der Weihgasse seit Jahren die besten Schnitzel in der Region. Die Karte ist klein, aber fein, und neben dem legendären Schnitzel Wiener Art mit verschiedenen Beilagen, wie des Schwaben liebste Kässpätzle oder Spätzle mit Soße, stehen auch die Natur-Variante mit Pommes oder ein zünftiges Vesper auf der Speisekarte.

TIPP *Sein Auto parkt man am besten direkt auf dem Parkplatz im Klosterhof.*

Wer jetzt aber denkt, das sei ja typisch für das Schwabenland – große Portionen zu moderaten Preisen –, der liegt natürlich nicht komplett falsch. Dabei sind den meisten Gästen Qualität und frisch zubereitete Speisen wichtiger, und so spricht gegen einen Besuch Im Schatten vielleicht nur die Tatsache, dass man vorher unbedingt reserviert haben muss.

❍ **Zum Schatten, Weihgasse 11, 89077 Ulm, Tel. (07 31) 3 88 65 20**
www.zum-schatten-ulm.de
❍ **ÖPNV: Straßenbahn 1, Haltestelle Söflingen**

Über den Wolken ...

 66 *Beeindruckende Vogelperspektive*

... muss die Freiheit wohl grenzenlos sein. Mit dieser Liedzeile im Kopf warten am Rand des Flugplatzes Erbach die Passagiere voller Erwartungen, bis der Hubschrauber gelandet und bereit für den Einstieg ist. Die Sonne spiegelt sich im Metall der Rotorblätter, und nach dem Abschalten des Rotors liegt eine gespannte Stille über den Wiesen des idyllischen Donautals.

Dann geht es fix – Kopfhörer auf, Gurt um und Motor an. Für jemanden, der das erste Mal als Passagier im Hubschrauber mitfliegt, fühlt es sich anfänglich ein wenig an, als wäre man auf der Kirmes, wenn sich das Fluggefährt nach vorne neigt und dann ruhig in die Lüfte hinaufsteigt. Die Zuschauer auf dem Vorfeld und die Gebäude und Hangars werden immer kleiner und muten irgendwann wie Teile einer Miniaturlandschaft an. Jetzt schieben sich gelbe Rapsfelder und saftig grüne Wiesen in das Blickfeld, die von der schönen blauen Donau und ihren bewaldeten Auen durchbrochen werden.

Nach ein paar Minuten Flugzeit haben wir das Ulmer Münster erreicht. Majestätisch überragt es alle umliegenden Gebäude der Ulmer Innenstadt und hebt sich auch farblich von diesen ab. Es ist beinahe unmöglich, dieses Gefühl zwischen Himmel und Erde hoch oben in den Lüften über der schönen Heimat zu beschreiben.

Das Schöne ist, dass man nicht selbst im Besitz eines Pilotenscheines sein muss, um ein solch herrliches Erlebnis zu erfahren. Solche Rundflüge macht der Luftsportverein Erbach nicht nur im Rahmen des Tags der offenen Tür am 1. Mai für jedermann möglich. Beim Flugplatzfest zaubern dann nachmittags die Piloten im Rahmen der Kunstflugshow Figuren in die Luft und führen für die am Boden Gebliebenen teils waghalsige Manöver aus.

Dabei ist für das leibliche Wohl, von Herzhaftem über Süßes und natürlich Flüssiges gesorgt. So bleiben bei Flieger- und Weißwurst und einem üppigen Kuchenbuffet wohl keine Wünsche offen. Doch empfiehlt es sich, den Sprung mit dem Fallschirm vor dem Essen zu absolvieren.

● **Luftsportverein Erbach e. V., Flugplatz Erbach, Burren 7, 89155 Erbach, Tel. (0 73 05) 63 55**
www.lsv-erbach.de

Die Kirche am Weiher

67 *Ausflug nach Roggenburg*

Das Kloster Roggenburg schlicht als Kirche zu bezeichnen, mag zwar einerseits korrekt sein, andererseits übersteigt sie bei weitem die Vorstellungen eines Kirchleins auf dem Land. Die Gemeinde Roggenburg liegt etwas verschlafen inmitten sanft hügeliger Wiesen und Weiden, die üppig verzierte Rokoko-Klosterkirche des Chorherrenstifts des Prämonstratenserordens mit ihren gelben Zwiebeltürmen ist jedoch schon von weitem zu sehen und vermittelt dem Besucher einen ersten Eindruck von der Größe der Klosteranlage. Dort sind heute neben den Räumlichkeiten, die vom Orden genutzt werden, die örtliche Grundschule, Klostermuseum und -laden sowie ein großer Restaurant- und Hotelbetrieb untergebracht. Hier heißt es also, auf jeden Fall einen Blick ins Innere der üppig verzierten Rokokokirche zu werfen.

Egal wie man zu Glaube oder Gott stehen mag, das bayerisch-schwäbische Hinterland ist einfach ein schöner Ort, um etwas Abstand vom Alltag zu gewinnen und ein wenig zur Ruhe zu kommen. Ob dies an der klösterlichen Atmosphäre und dem damit verbundenen entschleunigten Lebensstil liegen mag oder nicht, muss jeder Besucher für sich selbst entscheiden und auch für sich entdecken. Verschiedene Plätze zum Entspannen in der Natur gibt es nicht nur im Kräutergarten oder im Efeulabyrinth, die sich auf der Südseite des Klosters befinden, sondern auch an den klösterlichen Fischweihern, die durch ein kleines Waldstück zu erreichen sind. In den drei Weihern befindet sich ein noch heute intaktes Fischzuchtsystem aus der Zeit des ehemaligen Reichsstiftes Roggenburg. Was für einen Familienausflug sicherlich mehr ins Gewicht fällt, ist der Tret- und Ruderbootverleih an der ehemaligen Klostermühle am Langweiher, so dessen offizieller Name. Dort kann man sich ganz als Freizeitkapitän fühlen und den Ausflug mit einer leckeren Pizza oder einem üppigen Eisbecher im Restaurant Klein Venedig mit Blick auf den Weiher ausklingen lassen. Denn heißt es nicht so schön, dass Essen und Trinken Körper und Geist zusammenhält?

TIPP In der Landkäserei Herzog (OT Schießen) gibt es Wiesenblumenkäse und weitere Produkte aus regionaler Milch.

Kloster Roggenburg, Klosterstraße 5, 89297 Roggenburg, Tel. (0 73 00) 9 60 0
www.kloster-roggenburg.de
ÖPNV: Bus 812, Haltestelle Kloster Roggenburg

Kultur in den Hallen

 Open Stage im ROXY Ulm

Das laute Gelächter in den vordersten Reihen ist mehr als nur ansteckend, und man fragt sich, ob es denn überhaupt möglich ist, auf der Bühne ernst zu bleiben, während hunderte Zuschauer sich vor Lachen und Klatschen beinahe nicht mehr auf ihren Stühlen halten können.

Ein Besuch der Open Stage auf der ROXY Bühne ist für den Zuschauer einfach immer eine bunte und kurzweilige Überraschungskiste, an die bzw. deren Darbietungen man sich zuweilen auch noch Jahre später gerne zurückerinnert und die einem ein Lächeln auf die Lippen zaubern. Dieser Erfolg ist wohl einer der Gründe dafür, dass die Reihe sich mittlerweile zum beliebtesten Act im vielseitigen Programmkalender des alternativen Kulturzentrums gemausert hat. Zwischenzeitlich ist unser Alltag oftmals wohlkalkuliert, gewissermaßen berechenbar. Diese Muster werden auf unbeschwerte Weise bei Veranstaltungen wie der Open Stage oder auch dem Poetry- oder Science-Slam durchbrochen.

Seit nunmehr über 30 Jahren ist das ROXY, das als Kultureinrichtung von Ulmern für Ulmer gegründet wurde, eine Institution in den Bereichen Musik, Kabarett und Comedy, Literatur sowie Theater und aus der hiesigen Szene nicht mehr wegzudenken. Sicherlich auch, weil immer wieder Synergien zu anderen Kulturstätten wie dem Theater, dem Ulmer Zelt oder dem Obscura gesucht und erfolgreich genutzt werden. Letzteres ist praktischerweise auch direkt in den ROXY-Hallen untergebracht und eines von drei Arthaus-Kinos in der schönen Donaustadt. So vielfältig wie das Programm sind auch die Gäste, die sich in den Sommermonaten gerne im kleinen, aber feinen Biergarten ganz in der Tradition von „Umsonst und Draußen" treffen, um dort entspannt das nahende Wochenende einzuläuten.

Der Name ROXY ist übrigens ganz auf den Zeitgeist der Gründung in den 80er-Jahren und auf die Band Roxy Music zurückzuführen und sollte ein urbanes und lebendiges Kulturleben erkennbar werden lassen, was bis zum heutigen Tage ohne Frage gelungen ist.

TIPP Bei der Partyreihe „Schüttel Dein Speck" bleibt wohl keiner an der Bar stehen.

ROXY Ulm, Schillerstraße 1/12, 89077 Ulm, Tel. (07 31) 96 86 20
www.roxy.ulm.de
ÖPNV: Diverse Busse, Haltestelle Ehinger Tor

Der Nabel der Welt

69 *Die ehemalige Keltenstadt Pyrene*

Steht man heute auf dem Bergsporn hoch über dem Donautal geschützt im Wehrgang der Heuneburg, scheinen der Horizont und die ruhig dahinfließende Donau zum Greifen nahe und doch unendlich weit entfernt. In der Antike wurde sie als Istros bezeichnet, welcher bei den Kelten und der Stadt Pyrene entsprang und mitten durch Europa floss. Heute verbindet das blaue Band meine Heimatstadt und die Heuneburg.

Schon im sechsten Jahrhundert also war der europäischste aller Flüsse eine Lebensader und wohl auch ein Grund für die erste frühkeltische Siedlung. Hier auf dem circa drei Hektar großen Plateau befindet sich heute das Freilichtmuseum, welches zum gleichnamigen Keltenmuseum in Herbertingen gehört und die Besucher in eine faszinierende und für damalige Verhältnisse unheimlich moderne Welt entführt.

Die nachweislich weitreichenden europäischen Handelsbeziehungen räumen auch mit dem zu Teilen vorherrschenden Vorurteil auf, die Kelten seien im Gegensatz zu den Griechen eine wenig kultivierte und technisch nicht besonders versierte Zivilisation gewesen.

Durch die Nachbauten der reetgedeckten Häuser sowie eines Abschnittes der Lehmziegelmauer samt rekonstruiertem Steintor wird die räumliche Ausdehnung der Keltenstadt inmitten der ländlich geprägten Umgebung dem Besucher erst richtig bewusst.

Dazu tragen auch die verschiedenen authentischen Handwerksvorführungen beim alljährlichen Keltenfest bei.

Zudem erwecken spektakuläre Ausgrabungen auf dem Gräberfeld Bettelbühl und dem Gelände der monumentalen Kultstätte Alte Burg, welche mit der Stadt Pyrene in Verbindung gebracht wird, den Eindruck einer Metropolregion, die sich mit heutigen europäischen Großstädten messen kann. Diese neu gewonnenen Eindrücke lässt man dann am besten auf der Terrasse des kleinen Museumscafés am Eingang des Freilichtmuseums bei Kaffee und Kuchen auf sich wirken.

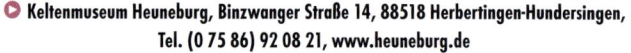

Keltenmuseum Heuneburg, Binzwanger Straße 14, 88518 Herbertingen-Hundersingen, Tel. (0 75 86) 92 08 21, www.heuneburg.de

Über Stock & Stein

 70 *Rundwanderung Seeburgsteig*

Fernab vom Trubel rund um den zweifellos wunderschönen Uracher Wasserfall ist der Seeburgsteig mit seinen wildromantischen Schluchten, Wacholderflächen und Mischwäldern ein Wander-Geheimtipp im Ermstal. Der Wanderweg gehört zu einer Reihe von Premiumwanderwegen in der Region rund um Bad Urach, ist mit dem Logo „Grafensteige" sehr gut beschildert und lädt auch Familien mit Kindern zu einem Erlebnis inmitten der Natur im Biosphärengebiet Schwäbische Alb ein.

Auf knapp zehn Kilometern geht es über Stock und Stein, wobei gleich der erste Teil des Weges zu den anstrengenderen gehört, führt er doch stetig bergauf ins Weidetäle. Oben auf einer Hochebene liegt das stille Tal, zwischen Buchenwäldern eingeklemmt und von unzähligen bunten Frühlingsblumen gesäumt, verträumt im Sonnenlicht, und man möchte zu gerne Schäfle sein, um dort ohne Sorge den lieben langen Tag zu verbringen.

Auf der weiteren Wegstrecke bietet sich immer wieder die Möglichkeit, den Blick hinab ins Tal sowie auf die umliegenden Hügel und Schloss Uhenfels zu genießen. Folgt man dann dem Trailfinger Weg zum Ursprung der Erms-Quelle im Mühltal, überwiegt eine üppigere grüne Vegetation als oben auf den Magerwiesen des Hardtbergs. Der darauffolgende Aufstieg zum Littstein ist wohl das anspruchsvollste Wegstück der

TIPP *Leckeres Essen und Kuchen gibt es im Café Schlössle, das auch optisch seinem Namen alle Ehre macht.*

gesamten Tour. Hier ist dann auch ein wenig Kondition oder alternativ ein großer Vorrat an Gummibärchen gefragt. Jedoch einmal oben angekommen, wird man mit einer großartigen Aussicht belohnt.

Der Weg zurück in den kleinsten Bad Uracher Ortsteil, der von den für die Schwäbische Alb so typischen Felswänden eingerahmt ist, verläuft bergab und ist ohne Mühe zu bewältigen. Auf dem Aussichtspunkt Hoher Fels bietet sich dem erschöpften, aber glücklichen Wanderer noch einmal die Möglichkeit zur Rast und der Erkenntnis, wie schön es doch auf der Schwäbischen Alb ist.

Wanderweg Seeburgsteig, Parkplatz 40, 72574 Bad Urach (OT Seeburg)

The Älblers way of life

71 *Nachhaltigkeit in Zeiten der Globalisierung*

Wenn sich Ende Oktober die Blätter bereits rotgolden verfärbt haben, findet alljährlich im einzigartigen historischen Kulturdenkmal Altes Lager in Münsingen die Kombimesse „Slow Schaf" und „schön & gut" statt. Die Veranstaltung begeistert mich schon seit Jahren nicht nur der großartigen Location wegen, sondern auch weil auf dem Gelände trotz allen Trubels eine unheimlich gemütliche und entspannte Atmosphäre herrscht. Als Messehallen für die rund 160 Aussteller dienen dabei die alten Kornspeicher. Auf dem zugehörigen Außengelände findet zur Stärkung der hungrigen Besuchermeute immer ein bunter Streetfood-Markt statt, der keine kulinarischen Wünsche offenlässt und von vegetarischen Maultaschen über Lammwürste bis hin zum Gulasch für jeden Gusto etwas bietet.

Die Slow-Food-Bewegung schärft mit Veranstaltungen wie dieser bewusst den Sinn für genussvolles und vor allem bewusstes Essen sowie regionale Erzeugnisse. Auf beiden Messen stehen daher Lebens- und Genussmittel und Kleidung im Fokus, die nachhaltig, sauber und fair produziert werden. In Zeiten der Preisschlacht zwischen den Lebensmitteldiscountern und der Fertigung von Kleidung in Fernost ist es umso wichtiger, das eigene Konsumverhalten zu hinterfragen und Alternativen mit einer regionalen Wertschöpfungskette kennenzulernen. Viele Lebensmittel wie Alb-Laisa (eine spezielle Sorte von Linsen) oder Hägenmark (eine Konfitüre aus Hagebutten) standen schon bei der Oma auf dem Tisch und sind nur Beispiele für in Vergessenheit geratene traditionelle Produkte.

TIPP Die Eintrittskarten können online gekauft werden, so erspart man sich vor Ort das lange Anstehen an der Kasse.

Wie der Name bereits verrät, steht vor allem das Schaf, welchem nicht nur eine wichtige Rolle als Fleisch- und Wolllieferant, sondern auch zur Pflege der Kulturlandschaft Schwäbische Alb zukommt, im Mittelpunkt. Bei Hütevorführungen, verschiedenen Vorträgen auf der Messebühne und Veranstaltungen im Kochstudio erfährt man zudem allerlei Interessantes über die wolligen Zeitgenossen, mit denen man in den Schaugehegen auch auf Tuchfühlung gehen kann.

● Albgut – Altes Lager, Biosphärenallee, 72525 Münsingen
● ÖPNV: Diverse Busse, Bahnhof Münsingen

Im Revier der Biber

72 *Unterwegs in den Wiblinger Donauauen*

Ohne Frage ist die schöne Donaustadt ein Ort der Gegensätze. Dadurch versprüht sie nicht nur für die Besucher, sondern auch für ihre Bewohner einen gewissen Charme, denn Gegensätze ziehen sich ja bekanntlich an. Das Landschafts- und Naturschutzgebiet Gronne-Lichternsee mit seiner üppigen Vegetation befindet sich am Rand des größten Industriegebietes in der Region, in dem namhafte Firmen wie Gardena, Seeberger oder Ratiopharm ihren Firmenhauptsitz haben. Entsprechend geschäftig geht es werktags auf den Straßen zu. Die donaunahen Auen lassen sich daher am besten mit dem Rad und zu Fuß erkunden. Schon die Fahrt entlang der Donau und dem Kraftwerkskanal hinaus ins Donautal gibt einen Vorgeschmack auf den wilden Donauwald, der, von Menschenhand nur wenig berührt, als natürliches Überschwemmungsgebiet dient. Hier auf dem Gebiet der Roten Wand befindet sich auch der Trinkwasserbrunnen, der die Ulmer mit sauberem, aus den Tiefen des Talbodens von Iller und Donau kommendem Wasser versorgt. Daher ist in der heißen Jahreszeit besonders der nur einen Steinwurf vom Kraftwerk entfernte Brunnen stark frequentiert. Hier bietet sich einfach die perfekte Gelegenheit, dem Gesicht eine kühle Erfrischung zu gönnen und die Fahrradflasche wieder aufzufüllen.

TIPP *Unweit des Naturschutzgebietes lädt Seeberger's Shop & Café in der Hans-Lorenser-Straße 36 zur Einkehr ein.*

Der ein kurzes Stück stromaufwärts beginnende Naturlehrpfad am Lichternsee lässt sich dann am besten zu Fuß erkunden. Auf zahlreichen Schautafeln erfährt man Interessantes über die Tierwelt am und im Wasser. Im Frühjahr kann man den Vögeln beim Brüten zusehen, und auch der eine oder andere Biber begrüßt hier neugierig die Spaziergänger. Aber auch wenn Meister Bockert tagsüber nur schwer zu erkennen ist, seine Knabberspuren sind nicht zu übersehen. Entgegen anderer Gebiete entlang der Donau ist er im Schutzgebiet herzlich willkommen, übernimmt er doch mit seinen hervorragenden Nagefähigkeiten als Landschaftspfleger eine Schlüsselrolle und verschafft Tieren und Pflanzen der Feuchtgebiete mit seinen Dämmen wertvolle Rückzugsgebiete und uns interessante Stunden im Grünen.

● Naturschutzgebiet Gronne-Lichternsee, 89079 Ulm
● ÖPNV: Bus 14, Haltestelle Lichternsee oder Kastbrücke

Stadtteil mit Geschichte

73 *Spaziergang im Wiley*

Elegant fliegt die bunte Frisbee durch die Luft und landet mit Geschepper im metallenen Fangkorb auf der Wiese. Hier im Wiley, Neu-Ulms jüngstem und sportlichstem Stadtteil, lädt nicht nur die Discgolfanlage junge und alte, aber vor allem sportbegeisterte Neu-Ulmer Bürger dazu ein, ein paar Stunden im Grünen zu verbringen.

Die Anlage zwischen dem alten Gemäuer der Ludwigsvorfeste und dem zeitgenössischen Hochschulbau ist Teil des weitläufigen Sport- und Freizeitparks, der bei schönem Wochenendwetter zahlreiche Freizeitsportler zum gemeinsamen Fuß- oder Beachvolleyballmatch und die Kleinsten unter uns zum Planschen auf dem Wasserspielplatz einlädt.

Dabei weisen nur ein paar recht unscheinbare Infostehlen auf die besondere und vor allem bewegte Geschichte von Neu-Ulms modernstem Stadtteil hin, in dem nicht immer eine solche ungezwungene und freie Atmosphäre geherrscht hatte. Das Gelände war nämlich lange Zeit mehr von militärischer Ordnung als von städtischem und studentischem Leben auf dem nahen Campus der Hochschule geprägt.

Von der ehemaligen Kaserne der US-Truppen, die auch Namensgeber des Wileys ist, zeugt heute als eines der wenigen übrig gebliebenen Gebäuden nur noch der rot-weiß-kariert bemalte Wasserturm. So ist es auch schwer vorstellbar, dass hier zu Zeiten des Kalten Krieges und inmitten der Stadt einmal Pershing Mittelstreckenraketen stationiert waren.

Diese Zeiten sind zum Glück jetzt passé, denn mit der Demilitarisierung des Gebietes Anfang der 90er-Jahre des vergangenen Jahrzehnts entstand ein quirliger, grüner Stadtteil mit hohem Freizeitwert. Dazu hatte sicherlich auch die Neugestaltung der ausgedehnten Grünanlagen im Rahmen der Landesgartenschau im Jahr 2008 einen großen Beitrag geleistet.

Aber auch gastronomisch hat sich im Stadtteil mit Geschichte in den letzten Jahren einiges getan. So diniert man heute im modern renovierten, ehemaligen Offizierskasino, dem „Wiley Club" oder genießt das Sonntagsfrühstück in ungezwungener Atmosphäre im Café-Bistro Edison.

● Stadtteil Wiley, 89231 Neu-Ulm
● ÖPNV: Bus 5, Haltestelle Hochschule Neu-Ulm

Sommerlicher Badespaß

 74 *Entspannte Stunden am Pfuhler See*

Das Schlauchboot gleitet ohne Widerstand über die glatte dunkelblaue Wasserfläche des Pfuhler Baggersees, und vor dem Bug kräuselt sich das Wasser leicht zu einer kleinen Welle. Dabei spiegelt sich die Sonne nicht nur im Metall der kurzen Leiter des Schwimmfloßes, sondern auch in den Fenstern des kleinen Kiosks am Rand der Liegewiese.

Das Naherholungsgebiet rund um den Pfuhler See ist vor allem an den Wochenenden in den Sommermonaten ein beliebtes Ausflugsziel für Groß und Klein. Umgeben von Schilf und Wald liegt er im Neu-Ulmer Ortsteil Pfuhl nur einen Steinwurf vom Donauufer entfernt und ist somit auch unkompliziert mit dem Drahtesel zu erreichen. Sollte man etwas mehr an Badeutensilien dabeihaben, findet der Besucher auf dem großen Parkplatz ein Plätzchen für sein Auto. Die Luftmatratzen, Badetiere, Schlauchboote, Kühlboxen und Sonnenschirme müssen dann lediglich die letzten Meter zum Einsatzort am See getragen werden. Natürlich herrscht auf und um den See im Sommer Hochbetrieb, denn dann haben auch der Kiosk und die Umkleidekabinen geöffnet.

TIPP Der kleine Hunger nach dem Badeausflug kann in den Seestuben in Pfuhl gestillt werden.

Lädt das Wetter aber einmal nicht zum Sprung in das erfrischende Nass ein, steht einer Partie Beachvolleyball, einer Fahrt mit dem Schlauchboot oder einer Joggingrunde um den See nichts im Wege.

Im Frühjahr bzw. der kälteren Jahreszeit liegt der See inmitten des von Raureif überzogenen Gehölzes im Dornröschenschlaf, und auf der weitläufigen Liegewiese herrscht noch Stille, die im Sommer von freudig geschäftigem Treiben abgelöst wird. Jetzt ist der beste Zeitpunkt, um einen ausgedehnten Spaziergang im Naherholungsgebiet rund um den See zu unternehmen oder einfach nur die sich auf der glatten, teils zugefrorenen Wasseroberfläche spiegelnden Wolken zu beobachten. Welche Jahreszeit einem die liebste ist, ist natürlich ein Stück weit Geschmackssache und abhängig davon, ob man den Trubel der Ruhe vorzieht oder lieber stille Stunden inmitten der Natur verbringt.

🔵 **Naherholungsgebiet Pfuhler See, 89233 Neu-Ulm (OT Pfuhl)**

Kunst im Herzen Neu-Ulms

 75 *Spaziergang über den Kunsthandwerker Markt*

Ob wohl der Besuch des Kunsthandwerker Marktes, welcher jedes Jahr im Wonnemonat Mai auf dem Petrusplatz stattfindet, so ein typisches „Frauen-Ding" ist? Suchen doch vor allem wir Damen der Schöpfung immer neue Ideen für Haus und Heim und lassen uns auch gerne von anderen inspirieren. Letztendlich lebt es sich in einem hyggeligen Heim um einiges besser, und so ein Ausflug eignet sich doch auch gut dafür, der eigenen Fantasie und dem Einfallsreichtum etwas helfend unter die Arme zu greifen. Wie die Herren der Schöpfung dazu stehen, sei mal dahingestellt – aber wir wollen an dieser Stelle ja nicht in ein klischeehaftes Rollenbild verfallen.

Der kunterbunte Markt, auf dem von Porzellan über Geflecht bis hin zu Gemälden, Glasobjekten, Skulpturen und Schmuck alles Mögliche erstanden werden kann, darf mittlerweile bereits auf eine lange Tradition zurückblicken. Die Wurzeln des Kunsthandwerker Marktes liegen dabei auf dem benachbarten, etwas weniger geräumigen Rathausplatz. Vor über 25 Jahren startete der damals kleine, aber feine Markt mit lediglich ein paar Ausstellern und hat sich bis dato zu einem beliebten Ausflugsziel gemausert, auch bei oftmals vorherrschendem wechselhaftem Aprilwetter.

TIPP *Am ersten Wochenende im September findet auf dem Petrusplatz auch der traditionelle Töpfermarkt statt.*

Heute kann man an den knapp 100 Ständen Handwerkskunst in all ihren verschiedenen Facetten bestaunen und natürlich auch käuflich erwerben. Vor allem aber der nette Plausch mit den Künstlern und Ausstellern in ungezwungener Atmosphäre machen das Open-Air-Markterlebnis aus. Wem der Trubel zu viel werden sollte, der findet ein ruhiges Plätzchen an der mobilen Kaffee- und Espressobar oder kann bei einem Gläschen Wein seine Einkäufe bewundern und Revue passieren lassen. Die vielfältigen Vorführungen, welche das Kunsthandwerk lebendig werden lassen, locken zudem auch die jüngeren Besucher, inspirieren zum Selbst-ausprobieren und sind jedes Jahr wieder eine Bereicherung der wundervollen Veranstaltung.

○ **Kunsthandwerker Markt, Petrusplatz, 89231 Neu-Ulm**
○ **ÖPNV: Diverse Busse, Haltestelle Petrusplatz Neu-Ulm**

Stürmt die Burg

 76 *Kultur auf der Wilhelmsburg*

Steht man im Rahmen der stimmungsvollen Fackelführung im 1,3 Hektar großen Innenhof, in dem das Licht von den hohen Mauern reflektiert wird, scheint es immer noch unglaublich, dass das Ulmer Münster hier ohne Probleme Platz finden würde. Mit rund 570 Räumen, verteilt auf fünf Stockwerke, ist die Wilhelmsburg der größte Gebäudekomplex der Ulmer Bundesfestung. Aber trotz oder gerade der starken Mauern wegen ist die Burg auch ein Ort der Ruhe und Abgeschiedenheit am Rande der Stadt. Die Zitadelle der Festung besteht nicht nur aus dem prominent an der Prittwitzstraße gelegenen Gebäudekomplex, sondern sie erstreckt sich über fünf weitere nördlich vorgelagerte Werke, die jedoch für die Öffentlichkeit nicht zugänglich sind. Dank der Landesgartenschau, welche im Jahr 2030 nach Ulm kommt, können die denkmalgeschützten Anlagen künftig noch intensiver für Kunst- und Kulturveranstaltungen genutzt werden. Schon heute sind sie, aufgrund des unermüdlichen Einsatzes der fleißigen Helfer des Förderkreises Bundesfestung Ulm e.V., ein Ort zum Entdecken und Entspannen. So sind die Wiesen entlang der Anschlusslinie, welche die Burg mit der Kienlesberg-

TIPP Jeden 3. Sonntag im Monat findet um 11 Uhr eine kostenlose Führung in den historischen Gemäuern statt.

bastion verbindet, ein ruhiges Plätzchen zum Lesen oder für ein Picknick mit Freunden.

In den Sommermonaten verwandelt sich das alte Festungsgemäuer an manchen Abenden in einen Bienenstock, und es kehrt sprichwörtlich Leben in die Bude ein: Das Ulmer Theater spielt mit seinem Ensemble auf der Open-Air-Bühne und sorgt für unvergessliche Gänsehautmomente, wenn die Burg durch den gekonnten Einsatz von Pyrotechnik davonzufliegen scheint. Aber auch im Rahmen neu etablierter Kulturkonzepte wie dem Pop-Up-Space oder der Wilhelmsbar werden immer größere Teile des Gebäudekomplexes für interessierte Besucher und Firmen nutzbar gemacht. Vom Kehlturm, welcher unübersehbar neben der Toreinfahrt der Festung thront, eröffnet sich dem Besucher vor allem in den frühen Morgenstunden im Frühjahr und Herbst eine herrliche Aussicht, und es scheint, als läge einem die ganze Stadt zu Füßen.

◯ Wilhelmsburg, Prittwitzstraße 100, 89075 Ulm
◯ ÖPNV: Bus 7, Haltestelle Kliniken Michelsberg

Reise zur Milchstraße

77 *Sternwarte und Planetarium Laupheim*

Wer hat sich beim Blick in den beeindruckenden nächtlichen Sternenhimmel nicht schon gefragt, ob außer uns dort oben noch andere sind oder wie viele Sterne es am Firmament gibt? Die Sehnsucht nach der Unendlichkeit geht meist mit einer Faszination für das Ungewisse einher.

Die Mitglieder des Vereins Volkssternwarte Laupheim e.V. haben sich diese bereits seit Mitte der 70er-Jahre zum außergewöhnlichen Hobby gemacht und begeistern nunmehr schon seit über 30 Jahren die kleinen und großen Besucher des Planetariums und der Sternwarte mit regelmäßig wechselnden Programmen, Sternen- und Sonnenbeobachtungen.

Dabei ist das Laupheimer Planetarium aus der Not geboren worden, suchte man doch anfangs eine Ausweichmöglichkeit für Sternbeobachtungen, die eigentlich wegen nicht passender Witterungsverhältnisse hätten abgesagt werden müssen. Zwischenzeitlich ist es nicht nur für die Schulklassen aus dem Großraum Ulm eine feste Institution und Bildungseinrichtung geworden.

Heute ist der Besuch einer Sternenshow im Planetarium mehr als nur ein

TIPP *Der fünf Kilometer lange Planetenweg bietet eine interessante Wissensreise durch unser Sonnensystem.*

netter Filmeabend. Die Vermittlung von astronomischen und naturwissenschaftlichen Zusammenhängen in einfacher Sprache steht dabei genauso im Fokus wie eine stimmungsvolle, unterhaltsame und spannende Reise in unser Weltall. Dafür werden fast alle der 360°-Multimedia-Shows für Kinder und Erwachsene eigens von den ehrenamtlichen Vereinsmitgliedern mit viel Engagement für „ihr" Planetarium konzipiert, produziert und voller Stolz mit Hilfe des futuristisch anmutenden Projektors präsentiert. Bei den öffentlichen Beobachtungsabenden unter freiem Himmel in der Schiebedachsternwarte können die „echten" Planeten, Monde, Sterne und Galaxien am schwäbischen Himmel genauer unter die Lupe genommen werden. Mit etwas Glück kann man dann auch den Kleinplaneten 7167, der zu Ehren der Volkssternwarte auf den Namen Laupheim getauft wurde, im Planetoidengürtel jenseits des Mars ausfindig machen. Denn wie sagte schon Wilhelm Busch: „Das Weltall ist groß, besonders oben."

🔵 **Planetarium Laupheim, Milchstraße 1, 88471 Laupheim, Tel. (0 73 92) 9 10 59**
www.planetarium-laupheim.de
🔵 **ÖPNV: Diverse Busse, Bahnhof Laupheim; Bus 226, Haltstelle BSZ/Planetarium**

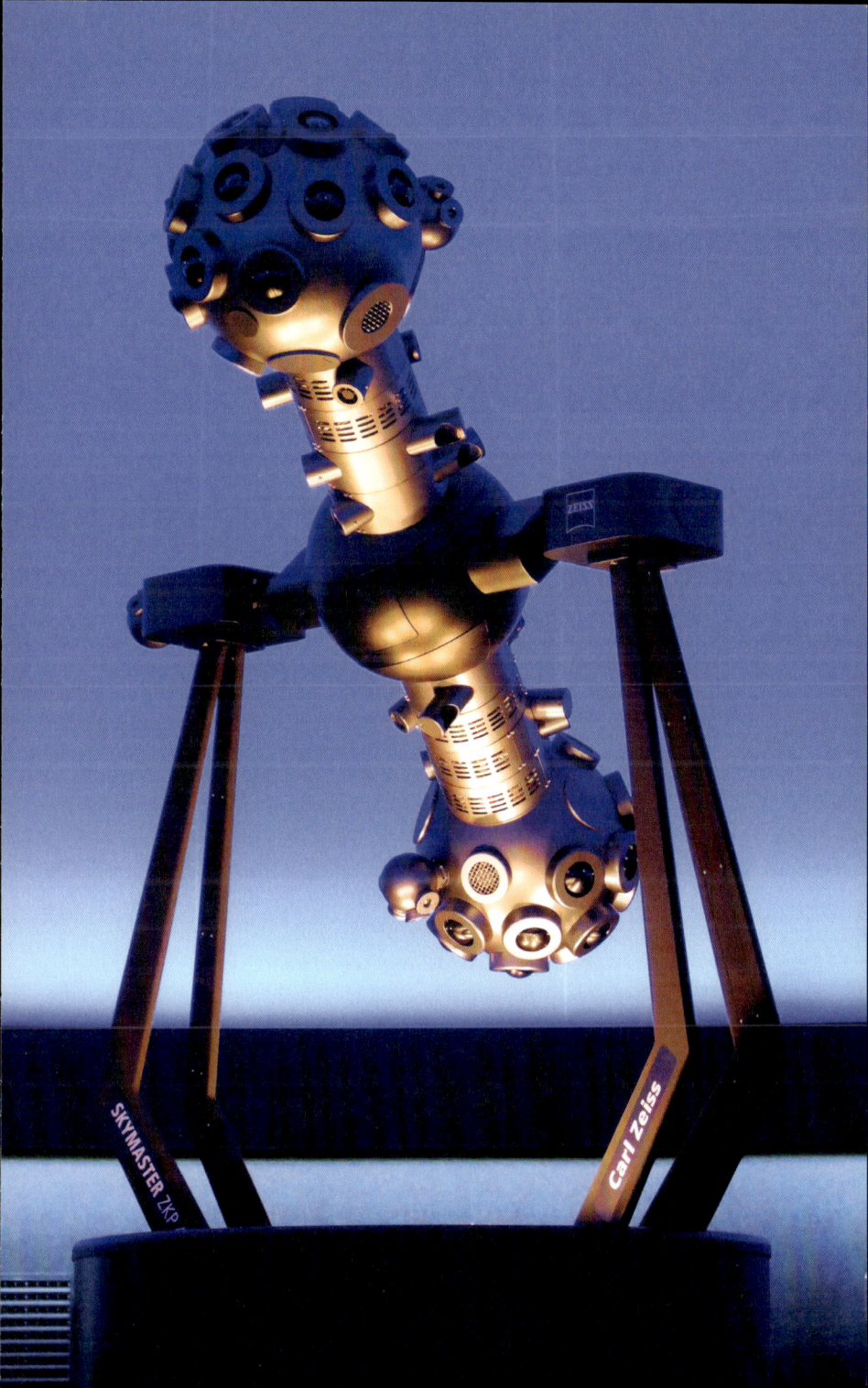

Burgenromantik pur

 78 *Prächtiger Blick ins Große Lautertal*

Hoch oben und halb eingewachsen thront herrschaftlich die Burgruine Hohengundelfingen über dem Großen Lautertal und wer einmal den steilen Aufstieg hinter sich gelassen hat, der wird mit einem fantastischen Aus- und Rundumblick über das idyllische Tal belohnt.

Das Große Lautertal liegt inmitten dem Biosphärengebiet Schwäbische Alb und ist sozusagen der große Bruder des nicht minder schönen Kleinen Lautertales bei Ulm. Hier, inmitten des Laubwaldes, stehen auf einem Bergsporn die Überreste der Stammburg des Geschlechtes der Gundelfinger. Dabei erheben sich die uralten Gemäuer stolze 130 Meter über dem grünen Tal und lassen heute nur noch erahnen, welche Bedeutung dem damaligen Hausherr, Swigger der IV. beim Bau der Anlage im 12. Jahrhundert zugekommen sein muss.

Zur Region Ulm/Neu-Ulm gibt es, neben den identischen Namen der beiden Täler, aber noch einen weiteren direkten Bezug, denn die jüngere Geschichte der Höhenburg ist fest mit dem Neu-Ulmer Fabrikanten Hans Römer verknüpft. Dieser kaufte im Jahr 1939 die verfallene Burganlage und brachte sie über ein Jahrzehnt hinweg in einen wieder begehbaren Zustand. Heute wird die Burgruine von einer Stiftung, welche von den Nachfahren Römers geleitet wird, verwaltet.

TIPP *Mit dem Wohnmobil kann naturnah auf dem Wanderparkplatz Heiligental übernachtet werden.*

Hier zeigt sich auch mal wieder, wie klein doch die Welt ist, denn auch in der Neu-Ulmer Innenstadt sind die Spuren Römers bis heute präsent. Der Fabrikant erbaute zu Zeiten des Ersten Weltkriegs eine herrschaftliche Villa. Die „Römer Villa", sein elegantes Privatschlösschen, ziert noch heute den Rand des Stadtparks Glacis und steht ein wenig im Gegensatz zu den wuchtigen backsteinernen Festungsmauern der Bundesfestung.

Wer den Besuch der Ruine Hohengundelfingen mit einer abwechslungsreichen Wanderung verbinden möchte, der kann sich auf dem Premiumwanderweg „Hochgeswiggert" auf die Spuren der Gundelfinger im Großen Lautertal begeben.

● **Burg Hohengundelfingen, Wittstaig 5, 72525 Münsingen**
● **ÖPNV: Rad-Wanderbus Lautertal, Haltestelle Gundelfingen**

Ein Klostergarten mit Aussicht

79 Ulmer Winkel

Majestätisch thront die ehemalige Klosterkirche der Benediktiner hoch oben auf dem Hügel und ist schon von weit her sichtbar. Ist man nicht gerade mit dem Auto unterwegs, mag die steile Auffahrt die Klostersteige hinauf zum Martinstor vielleicht ein wenig abschrecken. Aber wie heißt es doch so schön im Volksmund: „Wer sein Fahrrad liebt, der schiebt!" Endlich am ehemaligen Kloster oben angekommen, wird man nicht nur mit einem kühlen Getränk im Biergarten der Klosterbräustube, sondern auch mit einem großartigen Ausblick belohnt.

Der kleine und auf den ersten Blick ein wenig unscheinbare Klostergarten mit separatem Prozessionsweg erfreut mit seinen Zier- und Nutzpflanzen alle Sinne. Früher trug dieses Stückchen Land maßgeblich zur Ernährung der Mönche bei; heute ist es ein Ort der Ruhe und Idylle. Darüber hinaus bietet er dem Besucher einen fantastischen Rundumblick auf die Landschaft des Ulmer Winkels mit seinen inmitten von Wiesen und Feldern liegenden Dörfern und dem Ulmer Münster, welches sich charakteristisch am Horizont abzeichnet.

TIPP *Wer an der Schlacht bei Elchingen interessiert ist, findet am Radweg zwischen Unter- und Oberelchingen Infotafeln.*

Die Bezeichnung Ulmer Winkel geht übrigens auf das 16. Jahrhundert zurück, als die reichen Ulmer Patrizier auf ihren Ländereien „rechts der Donau" kleine, aber feine Schlösschen zur Sommerfrische errichteten.

Dass man sich hier auch auf einem der geschichtsträchtigsten Hügel in der Umgebung rund um Ulm befindet, lässt sich heute, inmitten der historischen Klostermauern, nur schwer oder gar nicht erahnen. Hier fand Anfang des 19. Jahrhunderts die strategisch wichtige Schlacht bei Elchingen statt, deren Ausgang den weiteren Verlauf der Geschichte stark prägte. So ist auch die Person des Kaisers Napoleon kein unbeschriebenes Blatt in Bayerisch-Schwaben und taucht nicht nur auf der Gästeliste der Klosterbräustube auf. Ob er auch ein gern gesehener Gast bei den Benediktinermönchen war und ob er hier oben im idyllischen Garten ein paar entspannte Momente hatte, ist freilich nicht überliefert.

Kloster Elchingen, Klosterhof, 89275 Elchingen-Oberelchingen
ÖPNV: Bus 59, Bahnhof Oberelchingen

In Zuckerbäckers Wohnzimmer

80 *Zu Besuch in Ulms letzter Zuckerbäckerei*

Schon beim Betreten der kleinen Bäckerei in der nördlichen Fußgängerzone unweit des Münsters steigt einem der Duft von Frischgebackenem in die Nase und lässt das Wasser im Mund zusammenlaufen. Das für die Bäckerei namensgebende Teegebäck, welches seinen Ursprung im 17. Jahrhundert hat und eng mit dem Hefezopf verwandt ist, wird bereits in sechster Generation in der kleinen Backstube des im 16. Jahrhundert erbauten Fachwerkhauses hergestellt.

Auch wenn die Donauschwaben das Ulmer Zuckerbrot als Wegzehrung im Brotbeutel mit sich getragen haben, war es doch für Otto Normalverbraucher der teuren Zutaten wegen meist unerschwinglich. So zählten anno dazumal vor allem die wohlhabenden Bürger der Stadt oder auch Kaiser Napoleon zum anvisierten Käuferkreis für das mit Rosenwasser, Malagawein, Fenchel und Anis verfeinerte Zuckerbrot.

Zum Glück hat sich das mit der Zeit geändert, und heute kann jeder in dem kleinen Stehcafé, welches an den Verkaufsraum anschließt, seine Tasse Kaffee zusammen mit einem leckeren Plunderteilchen oder einem saftigen Rosinenwecken genießen. Früher wurde dieser Raum von der Bäckersfamilie als gemütliches Wohnzimmer genutzt, wovon heute noch die Makulatur an der Wand zeugt. Dabei handelt es sich um eine Untertapete aus alten Zeitungen, welche ursprünglich Unebenheiten der Wand ausgleichen sollte, heute jedoch die antiquiert eingerichtete Bäckerei passend ergänzt.

Neben dem Original Ulmer Zuckerbrot, welches weit über die Stadtgrenze hinaus bekannt und beliebt ist, stellt der Münsterkuchen eine weitere Spezialität dar. Hierbei handelt es sich ebenfalls um ein Teegebäck, jedoch auf Rührteig-Basis und mit Mandeln, Rum und Rosinen verfeinert. Bei allen angebotenen Backwaren stehen ganz klar das traditionelle Bäckerhandwerk und regionale Zutaten im Fokus, die seit Generationen überlieferten Rezepte spielen dabei eine nicht minder große Rolle. Denn kulinarische Leckereien „wie früher" sind ein willkommener Kontrast in Zeiten von Selbstbedienungs-Backshops und Discounterbackwaren.

· ·

◐ **Bäckerei Zaiser, Herrenkellergasse 17, 89073 Ulm**
◐ **ÖPNV: Diverse Busse, Haltestelle Rathaus Ulm**

Bibliografische Informationen der Deutschen Nationalbibliothek

Die Deutsche Nationalbibliothek verzeichnet diese Publikation in der Deutschen Nationalbibliografie; detaillierte bibliografische Daten sind im Internet über http://dnb.d-nb.de abrufbar.

© 2020 Droste Verlag GmbH, Düsseldorf
2. Auflage 2021
Konzeption/Satz: Droste Verlag, Düsseldorf
Einbandgestaltung und Illustrationen: Britta Rungwerth, Düsseldorf unter Verwendung von Bildern von
© Fotolia.com: jd – photodesign.de; © iStock: Plociennik Robert
Fotos: Stefanie Rösch, außer:
S. 25: Bildwerk89; S. 33: Jochen Pippir; S. 69: Markus Leisner; S. 143: Joachim Bozler

MIX
Papier aus verantwortungsvollen Quellen
FSC® C011279

Druck und Bindung: LUC GmbH, Greven
ISBN 978-3-7700-2170-3

www.droste-verlag.de